НАЦИОНАЛЬНОЕ ИСЦЕЛ

Досепхат Мутангадура
Арчфорд Мучингами-Баланке

НАЦИОНАЛЬНОЕ ИСЦЕЛЕНИЕ И ПРИМИРЕНИЕ В ЗИМБАБВЕ

Объединенная методистская перспектива

ScienciaScripts

This book is a translation from the original published under ISBN 978-620-6-78904-8.

Publisher:
Sciencia Scripts
is a trademark of
Dodo Books Indian Ocean Ltd. and OmniScriptum S.R.L publishing group

120 High Road, East Finchley, London, N2 9ED, United Kingdom
Str. Armeneasca 28/1, office 1, Chisinau MD-2012, Republic of Moldova, Europe

ISBN: 978-620-7-30266-6

НАЦИОНАЛЬНОЕ ИСЦЕЛЕНИЕ И ПРИМИРЕНИЕ В ЗИМБАБВЕ: ВЗГЛЯД ОБЪЕДИНЕННОЙ МЕТОДИСТСКОЙ ЦЕРКВИ.

Авторы: Мутангадура Джозефат (д-р) и Арчфорд Баланс Мучингами (преп.)

Преамбула

Принципы работы ГПД показали, что политический процесс, предшествовавший спорным выборам в Хаморнисе в 2008 году, нанес много ран. То, как церковь выбирает жить в этом мире и где она проводит черту перед лицом насилия, является одной из причин для проведения данного исследования. В исследовании изучаются выразительные чувства и инициативы Объединенной методистской церкви в отношении процесса национального исцеления перед лицом ГПД как его основной цели. Задачи исследования включают в себя: раскрытие библейского восприятия исцеления и примирения, политического взгляда на участие церкви в процессе национального исцеления и примирения и проблем, с которыми столкнулась Объединенная методистская церковь в своих инициативах по сравнению с другими церквями в стране. Исцеление - это теологическая тема, которая проходит через всю Библию. Согласно еврейской Библии, самым важным качеством здоровья было поддержание хороших отношений с Богом. Таким образом, исцеление ожидалось через молитву, прошение и мольбу к Богу. В Новом Завете служение Иисуса неполно без рассказа о его миссии исцеления. С другой стороны, примирение относится к относительно дружеским отношениям, которые обычно устанавливаются после разрыва отношений, связанного с односторонним или взаимным нанесением сильной травмы. Объединенная методистская церковь как член христианских церковных организаций в стране и мире одобрила роль церкви в достижении национального согласия. В Книге дисциплины Объединенной методистской церкви четко изложена позиция церкви в отношении социальных и политических вопросов в обществе и среди членов церкви. Ситуация в Зимбабве ничем не отличается от южноафриканского случая 1994 года, когда англиканского архиепископа Десмонда Туту попросили председательствовать в Комиссии правды и примирения. Однако ситуация в Зимбабве становится сложной в том смысле, что речь идет уже не о примирении с колониальными правителями, а о примирении между братьями, которые предпочли обратиться друг против друга из-за политических разногласий. Церковь не была открыто приглашена принять участие в процессе национального исцеления, предложенном инклюзивным правительством. Поэтому церкви приходится поднимать шум, добиваясь своего включения, поскольку большинство пострадавших - члены церкви, составляющие страдающее сообщество.

ГЛАВА I Введение и обзор

ВВЕДЕНИЕ

Процесс национального оздоровления был предложен и реализован в конституционной поправке, которая установила GPA в Зимбабве. Принципы ГПД считали, что политический процесс, предшествовавший спорным выборам в Гаморнид в 2008 году, нанес много ран. Данное исследование заинтересовано в том, чтобы показать религиозный взгляд на всю эту ситуацию, поскольку религия и, в частности, христианство составляют большинство населения Зимбабве, члены которого стали жертвами политического шума.

ОСНОВНЫЕ ДОПУЩЕНИЯ

Как Церковь участвует в этом примирении? Какие конкретные формы оно принимает? Из-за широкого интереса к примирению в современном мире - а это далеко не только христианская забота - язык примирения часто бывает неясным. Временами им манипулируют и искажают в угоду другим целям.

Зимбабвийцы причиняли друг другу боль самыми разными способами и на протяжении длительного времени. Все виновны, поскольку те, кто был жертвой в одно время, стали агрессорами в другое, а многие другие ничего не сделали перед лицом зверств, совершаемых на их глазах. Сегодня все нуждаются в исцелении от этих ран и от чувства вины. Исцеление рассматривается как содействие примирению внутри и между самими людьми, а также с Создателем. Благодаря исцелению и примирению

2

нация восстановится и встанет на путь политического, социального, культурного и экономического возрождения и развития. При формировании в феврале 2009 года новое инклюзивное правительство Зимбабве взяло на себя обязательства по программе национального исцеления, назначив Джона Нкомо от ZANU PF, Секаи Холланда от MDC и Гибсона Сибанду государственными министрами, ответственными за национальное исцеление.

НЕОБХОДИМОСТЬ ИСЦЕЛЕНИЯ

Раны, оставленные без внимания, могут продолжать отравлять будущие события. Люди носят в себе гнев, вызванный совершенными много лет назад проступками, который никогда не исцеляется. Их жизнь становится заложником того прошлого события. Одна из главных опасностей отсутствия внимания к ранам заключается в том, что жертвы могут превратиться из жертв в виновников несправедливости по отношению к другим. В гражданских конфликтах порой практически невозможно разобраться, кто жертва, а кто преступник, поскольку со временем вовлеченные стороны становятся одновременно и жертвой, и агрессором. Точно так же нередко люди, пострадавшие от авторитарных режимов, после снятия гнета обращаются к беззаконию, анархии или гедонизму. Полное примирение необходимо для того, чтобы раны зажили, это отправная точка.

То, как церковь выбирает жить в этом мире и где она проводит черту перед лицом насилия, является одной из причин для участия в этой дискуссии. В такой стране, как Зимбабве, где политические вопросы буквально стали вопросами жизни и смерти, христиане и христианские деноминации были вынуждены отождествлять себя с политической партийной принадлежностью.

Правительство сделало все возможное, но усилий оказалось недостаточно по следующим причинам:

1.   В Зимбабве проблема в том, что политические партии инициировали процесс, но народ не верит в их искренность.

2.   Церковь еще не была вовлечена в это дело, но она может стать тем самым недостающим звеном, которое поможет решить проблему.

В этой книге исследуются выразительные чувства и инициативы Объединенной методистской церкви в отношении процесса национального исцеления перед лицом ГПД. Как пророческий знак, церкви призваны выступать против несправедливости и за мир. В обличении несправедливости, в солидарности с угнетенными и в сопровождении жертв, церкви участвуют в *миссии Dei* по исправлению мира и приведению его к "новому творению" примиренных (ср. 2 Кор 5:17). Что итоговая структура национального исцеления и примирения должна быть проинформирована и направляться с учетом вклада, взглядов и желаемых результатов низов, для которых церковь является основой. Не будет мира со справедливостью, пока бескорыстная и осознанная жизнь не будет структурирована в политические процессы и международные договоренности. Зимбабве нуждается не в простом перемирии, а во всеобъемлющем и честном национальном исцелении и примирении, в ходе которого виновные в насилии будут привлечены к ответственности, а общество примирится, чтобы культура насилия оказалась в пыльных урнах памяти.

МЕТОДОЛОГИЧЕСКИЕ ПОДХОДЫ К ПОНИМАНИЮ ВОПРОСА НАЦИОНАЛЬНОГО ИСЦЕЛЕНИЯ И ПРИМИРЕНИЯ

ИСТОРИЧЕСКИЙ ПОДХОД

Тот факт, что в области религиоведения так и не возникла всеобъемлющая теория, не должен ни удивлять, ни огорчать нас. Как таковой, любой метод исследования в любом религиозном исследовании не будет абсолютным, и многие другие подходы всегда будут использоваться в сочетании друг с другом. Исторический подход позволяет проанализировать события по мере их возникновения, чтобы проследить, что способствовало возникновению той или иной ситуации, как в случае с данным исследованием, рассматривающим процесс национального оздоровления и примирения. Ситуация в Зимбабве - это настоящий случай истории, которая является одновременно политической и религиозной в конкретном контексте. История этой страны богата всевозможными составными историями и событиями, социальными, экономическими, политическими и религиозными. При изучении этой истории можно обнаружить все эти вариативные элементы, без которых не может быть полноценной истории. Место действия, темы, сюжет и персонажи - это зимбабвийцы, которые в политическом и религиозном плане являются выходцами из одной и той же общины.

ФЕНОМЕНОЛОГИЧЕСКИЙ ПОДХОД

Феноменология (от греч. phainómenon - "то, что проявляется"; и lógos - "исследование") - философское направление. В концепции Гуссерля феноменология занимается прежде всего систематическим осмыслением и анализом структур сознания и явлений, возникающих в актах сознания. В своей наиболее простой форме феноменология пытается создать условия для объективного изучения тем, которые обычно считаются субъективными: сознания и содержания сознательного опыта, такого как суждения, восприятия и эмоции. Этот сценарий хорошо подходит к исследуемой ситуации. Насилие, произошедшее во время гармонизированных выборов 2008 года, и оставшиеся раны создали ситуацию, требующую признания того, что появилось (*phainómenon*), и любые действия должны начинаться с этого.

Хотя многие феноменологические методы включают в себя различные редукции, феноменология по сути своей антиредукционистская; редукции - это лишь инструменты для лучшего понимания и описания работы сознания, а не для сведения любого феномена к этим описаниям. Метод описывает происходящее в его собственных условиях, сохраняя первоначальный вид реальности и обеспечивая объективность. Если необходимо национальное исцеление и церковь может быть вовлечена в этот процесс, ни одна доля истины или реальности не должна быть нарушена или изменена. Метод Гуссерля, слабо укорененный в эпистемологическом приеме, имеющем скептические корни и называемом *эпохе*, предполагает приостановку суждения, полагаясь на интуитивное постижение знания, свободное от предпосылок и интеллектуализации. Феноменологический метод, который иногда называют "наукой об опыте", коренится в интенциональности.

СОЦИОЛОГИЧЕСКИЙ ПОДХОД

В этой объективной дискуссии о национальном исцелении и примирении будут использованы как количественные методы (опросы, анкетирование, анализ демографической ситуации и переписи населения), так и качественные подходы, такие как наблюдение за участниками и интервьюирование. То, во что люди исповедуют веру, часто отражается на их поведении. На протяжении веков деятельность групп, выступающих от имени своих институтов, приводила их к конфликтам с другими группами. Нередко в течение веков люди совершали ужасные поступки во имя принадлежности к той или иной группе. Конфликты, приведшие к гибели и ранениям людей во время выборов в Зимбабве в 2008 году, были вызваны политическими пристрастиями. Социологический подход поможет проследить, как общество воспринимало политические партии и относилось к ним, в результате чего одни стали виновниками, а другие - жертвами систем убеждений в одном и том же обществе.

ОБЗОР ЛИТЕРАТУРЫ О ПРИМИРЕНИИ И ИСЦЕЛЕНИИ

Комиссия "Вера и порядок" в своем анализе природы и миссии Церкви утверждает, что Церковь призвана исцелять и примирять нарушенные отношения и быть инструментом Бога в примирении человеческих разделений в мире. Мир - это дар Божий. В том, как Церкви отвечают на этот дар, проявляется их призвание быть миростроителями в *missio* [Die1]. Как знак, инструмент и таинство Божьего намерения и плана для мира, можно увидеть различные измерения миротворческого призвания церквей. В качестве примера можно привести библейские истории о конфликте и примирении между братьями, Исааком и Измаилом, а затем Иаковом и Исавом в истории Бытия. Здесь вражда между братьями вызвана предшествующими актами несправедливости, которые в итоге разрешаются совместным признанием несправедливого поступка, готовностью оставить прошлое в прошлом и желанием жить во взаимном уважении, задавая тон для нового взаимодействия.

Десмонда Туту, архиепископа англиканской церкви в Южной Африке, попросили проследить за созданием и созывом Комиссии по правде и примирению. После того как в 1994 году в Южной Африке наступил рассвет демократии, на сцене появились различные парадигмы примирения. Комиссия была создана для того, чтобы возглавить этот процесс и искупить ненависть и раны, нанесенные апартеидом. Книга Туту о Комиссии по установлению истины и примирению (КИП) в Южной Африке убедительно свидетельствует о том, что без прощения нет будущего. Действительно, само название книги говорит об этом: *No Future Without* *Forgiveness2*. Сосредоточившись на вопросе прощения, Туту следует той же схеме, что и Шрайтер (1992:18-39) в вопросе примирения, показывая, чем прощение не является. Во-первых, в его понимании, "прощать и примиряться - это не значит притворяться, что все не так, как есть. Это не похлопывание друг друга по спине и закрывание глаз на неправоту.

Настоящее примирение обнажает ужас, издевательства, боль, деградацию, правду". По словам Туту, важно помнить, "чтобы не допустить повторения подобных злодеяний "3. **Кристин Хенрард** из Гронингенского университета (Нидерланды) в своей статье "Процесс демократических преобразований в Южной Африке после апартеида: Исправление прошлого, примирение и "единство в разнообразии"" говорит, что примирение предполагает не только рассказ о прошлом и прощение, но и требует возмещения материальных и иных лишений, а также восстановления человеческого сообщества в духе уважения прав человека и демократии. Более того, оно также требует создания общества, в котором вероятность повторения грубых нарушений прав человека, имевших место в прошлом, сведена к минимуму.

Как пророческий знак, церкви призваны выступать против несправедливости и за мир. В обличении несправедливости, в солидарности с угнетенными и в сопровождении жертв церкви участвуют в *миссии Dei* по исправлению мира и приведению его к "новому творению" примиренных (ср. 2 Кор 5:17).

В разделе IV "Социальная организация" **Книги дисциплины Объединенной методистской церкви** говорится, что церковь рассматривает институт рабства, практику и совершение геноцида, военных преступлений и преступлений против человечности, а также агрессию как позорное и жестокое зло. Такое зло разрушает человечество, способствует безнаказанности, а потому должно быть безоговорочно запрещено всеми правительствами и никогда не должно быть терпимо Церковью.

Пастырское письмо католических епископов, опубликованное 5 октября 2009 года, призвало к национальному оздоровлению и примирению. В своей публикации они предложили себя в качестве христианской организации для участия и помощи в этом процессе[4].

Документ **"Зимбабве, которого мы хотим"**, разработанный и представленный всеми христианскими организациями Зимбабве в октябре 2006 года, подтвердил необходимость участия церкви в мирных инициативах в стране. Как религиозная организация конференция считает, что церковь охватывает подавляющее большинство народа Зимбабве. Она ближе всего к народу. Люди доверяют своему религиозному руководству, и кто может утверждать, что знает желания и чаяния народа лучше, чем любая другая организация. Поэтому церковь может быть их голосом и, возможно, единственным авторитетным голосом, который есть у людей.[5]

В настоящее время в Зимбабве происходят переходные процессы, положительные результаты которых помогут лучше понять и поддержать процесс национального исцеления и примирения. Процесс инициирован жителями Зимбабве, и поэтому все местные влиятельные группы должны быть вовлечены в него, поскольку они непосредственно затронуты этим процессом. Церковь - это основная социальная группа в стране, члены которой пострадали во многих отношениях и по обе стороны политического раскола. Поэтому церкви отводится важная роль в возвращении мира и доверия к своим членам и политическим противникам, в восстановлении смирения, подотчетности и взаимного уважения в обществе.

Глава вторая: ПОЛИТИЧЕСКИЙ ИСТОРИЧЕСКИЙ КОНТЕКСТ ОБЪЕДИНЕННОЙ МЕТОДИСТСКОЙ ЦЕРКВИ В ЗИМБАБВЕ

Введение

До первых контактов с миссионерами и исследователями, посетившими Зимбабве в современном смысле этого слова, исторических сведений о ней не было. Зимбабве не имела никакого названия (в смысле нации, как сейчас) до оккупации ЧАК, которую возглавил Сесил Джон Родс в 1890 году. Тогда она стала известна как Родезия, названная в честь Родса Современная история страны начинается после 1888 года, когда Лобенгула, король народа ндебеле, был вынужден подписать концессию Радда, которая отменяла права местных жителей на их землю. После этого миссионеры Объединенной методистской церкви нашли возможность привлечь африканцев к христианству и обратить их в свою веру. Епископ Э. Нхиватива[6] в своей книге "Смиренные начала" привел пример концепции "крест следовал за флагом", которую он отстаивал.

По словам епископа Е Нхemployеативы, у местных жителей всегда была своя религия, которую миссионеры поначалу не хотели признавать[7]. В результате местное население нелегко обращалось в христианство. Самые первые миссионеры-первопроходцы не смогли обратить в христианство многих местных жителей, потому что они не оценили и сильно недооценили важность традиционной религии для местных жителей.

Как отмечает епископ, в период с 1859 по 1898 год миссионерская деятельность в Зимбабве была связана с двумя существенными моментами[8]. Во-первых, исходя из опыта Лондонского миссионерского общества и иезуитов в Матабелеленде, миссионеры были убеждены, что их деятельность в Зимбабве имеет мало шансов на успех, пока власть ндебеле не будет сломлена, а это можно сделать только силой. Он считает, что политическая мощь ндебеле по отношению к другим местным племенам сыграла важную роль в стратегии проникновения миссионеров. Они оказывали конкурирующее влияние на веру местных жителей в политическом, социальном и религиозном плане. По мнению миссионеров, только сила могла отнять у ндебеле власть и влияние.

По этой причине миссионеры приветствовали прибытие сил BSAC в Машоналанд в 1890 году. Во-вторых, миссионеры были обязаны К. Дж. Родсу за земельные гранты, на которых они строили свои миссионерские станции. Как официально сообщалось в 1925 году, в общей сложности 325 730 акров земли было предоставлено компанией различным миссионерским организациям для целей миссии[9].

Среди основных церквей, пришедших в Зимбабве, были католическая, англиканская, методистская, голландская реформатская, церковь Христа и лютеранская церковь. Значительное становление этих конфессий нашло отражение в созданных ими миссионерских центрах, включавших школы и больницы.

В этом вступлении дана краткая общая картина того, как христианская церковь пришла в Зимбабве, не обращая внимания на то, какая именно деноминация была задействована в той или иной области.

Следующее критическое обсуждение будет посвящено истории Объединенной методистской церкви и ее деятельности в Зимбабве. Преподобный профессор У. З. Курева в книге "Церковь в миссии" пишет, что Объединенная методистская церковь была образована в

В 1968 году произошло объединение бывшей Евангелической объединенной братской церкви и Методистской церкви. Евангелическая Объединенная Братская Церковь, основанная в 1946 году, возникла в результате объединения двух деноминаций, родившихся в С Ш А : Евангелической Церкви и Церкви Объединенных Братьев во Христе. Эти две церкви возникли среди немецкоговорящих людей во время великого духовного пробуждения в конце XVIII века.

Методистское движение зародилось в Англии в начале 1700-х годов под руководством англиканского священника Джона Уэсли и его последователей. Уэсли и его брат Чарльз принесли это движение в колонию Джорджия, прибыв туда в марте 1736 года в качестве миссионеров Англиканской церкви. Методистская епископальная церковь США была организована в 1784 году. Деноминация быстро росла и была известна своими служителями-"круговыми гонцами" на продвигающихся фронтирах. В результате раскола в 1828 году образовалась Методистская протестантская церковь, а в 1844 году, из-за проблемы рабства, - Методистская епископальная церковь Юга.

Северная и Южная фракции воссоединились в 1939 году (как Методистская церковь), но сохранили расовую сегрегацию. Это разделение завершилось в 1968 году слиянием Методистской и Евангелической объединенной братской церквей.[10] Появление и распространение церкви в стране рассматривалось как продолжение экспансии церкви, начавшейся в Америке. Очень важно отметить, что по истории церкви нет большого количества литературы, кроме книг, написанных священнослужителями, которые не являются полностью историческими, но граничат между историческими фактами и деноминационной реконструкцией веры церкви с течением времени.

Д-р Уэсли **Джей** Зи Курева написал одну из книг, в которой, как представляется, многое заимствовано из более раннего текста, написанного Генри И Джеймсом в 1935 году. Другая книга, с которой вы ознакомились, была написана нынешним епископом Объединенной методистской церкви доктором Э. Нхивативой. Большое спасибо двум представителям церковного духовенства, преподобному профессору В.З. Куреве и епископу Нхивативе, соответственно, о которых говорилось выше. Однако мы также должны учитывать, что, поскольку большая часть написанного носит личный характер, в этих историях больше субъективности, чем объективности.

По словам преподобного профессора У. З. Куревы в его книге "Церковь в миссии, The

Объединенная методистская церковь пришла в Африку из Либерии через американское поселение освобожденных рабов в 1822 году[11]. Среди переселенцев, обосновавшихся в Либерии, была большая группа тех, кто принадлежал к методистам, и они организовались для проведения богослужений на новом месте. 8 марта 1833 года первый миссионер Епископальной церкви прибыл в Либерию, чтобы начать работу. После Мелвилла Кокса на работу в новое поселение должны были отправиться еще несколько миссионеров (там же). Однако церковь в Либерии оставалась под общим руководством конференции в Америке. Именно в 1884 году епископ Тейлор был направлен для управления и пребывания в Африке в качестве первого африканского епископа, хотя сам он был американцем.

Епископу Тейлору принадлежит заслуга распространения церкви в других частях Африки после Либерии, таких как Ангола, Мозамбик и Конго. Его навсегда запомнят как человека, который пришел в Африку и основал церковь. После его ухода на пенсию в 1886 году епископ Хартцелл был избран, чтобы принять и продолжить его работу в качестве епископа в Африке.

Американские методисты отправились в Либерию в 1822 году, чтобы предотвратить "проникновение ислама на юг". В 1897 году, перед отъездом в Родезию, епископ Хартцелл объяснил свою цель: "Где-то в Южной Африке, посреди наступающих на север волн англосаксонской цивилизации и под британским флагом, американский методизм должен вести миссионерскую работу "[12]. Он договорился с британскими администраторами Сесила Родса о предоставлении 13 000 акров земли в Старом Мутаре, где он основал центр промышленного обучения для африканцев, и школу для белых в Новом

Мутаре13. Земельный грант был настолько велик, что епископу Хартцеллу нечего было терять, если он согласится на условия, выдвинутые властями BSAC, которые включали создание и управление школой для европейцев в новом городе. Крючком для евангелизации стала тяга африканцев к образованию. Католический девиз стал звучать так: "Кто владеет школами, тот владеет Африкой "14.

ПЕРВЫЕ МИССИОНЕРСКИЕ НАЗНАЧЕНИЯ

После успешного основания церкви в Старом Мутаре возникла необходимость распространить влияние Объединенной методистской церкви на другие районы страны. Это также означало, что епископу должны были помогать другие миссионеры, поскольку в Африке еще не было лидеров церкви в виде проповедников и пасторов. Чтобы обеспечить продвижение работы в Африке и особенно в этой части континента, Генеральная конференция Епископальной методистской церкви, собравшаяся в Чикаго в 1900 году, разрешила провести новую конференцию в Африке, которая состоялась в Олд-Мутаре с Хартцеллом в качестве епископа. Епископ воспользовался этой возможностью, чтобы рукоположить ряд миссионеров, которые должны были помогать ему проповедовать Евангелие. В числе первых были рукоположены Джон Спрингер, Фрэнк Д Вольф в дьяконы, Моррис. W Ehnes, James L, De Witt в качестве пробаторов и Robert Wodehouse из Техаса в качестве переводчика. Чарльз Яфеле был единственным африканцем, который первым получил назначение в церковь в Африканской церкви в Мутаре.[15]

Расширение миссии и информационно-просветительские программы

С этого началось распространение в другие уголки страны, где были созданы другие миссионерские центры. Старый Мутаре, по словам профессора Куревы, до сих пор является Иерусалимом Объединенного методизма в стране.[16] Это был первый миссионерский центр, который был основан. Он стал центром церкви в области образования,

19

здравоохранения, евангелизма и сиротства и п о сей день. Помимо всего прочего, центр также з а н и м а л с я продуктивным сельским хозяйством, чтобы выполнить часть соглашения с политической администрацией, которая хотела, чтобы центр использовался в промышленных целях в интересах Африки. Миссии определяли "спасенных и цивилизованных" и тщательно проверяли поведение, которое было языческим и христианским.[171]

Епископ Нхиватива (1997:27) описывает расширение "Скромного начала" как одно из предвидений епископа Хартцелла. Говорят, что в 1905 году Хартцелл написал сэру Уильяму Милтону, который был управляющим BSAC в Родезии, с просьбой об обмене землей. Церковь предлагала землю в Старом Мутаре в обмен на другие земли в других местах, но равной площади.[2] Миссия Мутамбара была основана в 80 километрах к югу от Старого Мутаре, и первым миссионером должен был стать Водхаус. Говорят, что при предоставлении земли проводились консультации с местным традиционным вождем. Это говорит лишь о том, что церковь учитывала влияние местных жителей, когда намеревалась создать структуры в общине, поскольку именно с этими людьми она намеревалась проводить евангелизацию и работать.

За миссией Мутамбары последовала миссия Муревы, основанная в 1908 году в Восточном Машоналанде. Это был знак того, что церковь уходит из Маникаленда, где она впервые высадилась и нашла приют. Убедить местного вождя в Муреве было не так просто, как в Мутамбаре, но

---

[1] Там же, стр. 37-45
[2] Протоколы Восточно-Центральной Африканской конференции 1901-05 гг.

позиция родезийского правительства заключалась в том, что миссии не должны навязываться людям, а значит, сначала нужно было получить согласие вождей.

Позже миссия была основана при содействии и вмешательстве туземного департамента правительства Родезии в Солсбери. После миссии Мурева последовали миссии Ньядире и Мутоко, основанные в 1910 и 1922 годах соответственно.[3] Всего было создано пять миссионерских центров, в основном образовательных, а в некоторых случаях и по сей день предлагающих медицинскую и сельскохозяйственную деятельность.

В самых ранних записях об истории миссионерских центров фигурируют имена миссионеров, поскольку именно они писали и сохраняли записи, но нельзя сказать, что африканцы в равной степени участвовали в ранней миссионерской работе.

Миссионерские центры стали стартовыми площадками для расширенного охвата всего африканского населения. Большинство африканцев жили в сельской местности, где выживали за счет натурального хозяйства. Они не занимались особо производительным трудом, поэтому у них оставалось много свободного времени. Поначалу миссионеры думали, что сами займутся евангелизацией местных жителей, но быстро осознали всю грандиозность этой задачи. Им нужны были африканские евангелисты, чтобы убеждать своих сверстников и приводить их в церковь. Эта проблема стояла не только перед методистами, но и перед всеми другими миссиями, как

---

[3] Там же

католическими, так и англиканскими.

На этом этапе стоит вернуться к вопросу об использовании образования на ранних этапах миссии церкви в стране. Церкви, пришедшие в новый регион, начинали с того, что открывали школу, пусть и не такую большую, как миссионерский центр, чтобы использовать ее в качестве местной общины. Там должно было быть какое-то учебное заведение, где проводились бы библейские занятия и образовательные уроки. Именно по этой причине школьный район изначально назывался "куСвондо" (воскресное место) - по названию дня, когда в нем проводились занятия. Проблема, с которой столкнулась миссия, заключалась в том, что она вмешивалась в обычную деревенскую деятельность людей. Она нарушала обычный график работы в деревне, поскольку требовала, чтобы люди сидели перед учителем в течение длительного периода времени и при этом были непродуктивны. Они начали ценить ее только тогда, когда их сверстники, ходившие в школу, позже отправились в города или миссионерские центры и занялись оплачиваемой работой, которая изменила их жизнь, а также позволила им общаться с белым человеком, который уже доказал свое превосходство во многих аспектах. Посещение школы не только помогало местным жителям получить работу и возможность говорить с белыми на их родном языке, но и знакомило их с культурой и верованиями б е л ы х . Поэтому было открыто множество начальных школ, расположенных в непосредственной близости друг от друга, чтобы охватить местных жителей. В основном детей поощряли записываться в школы, чтобы застать их молодыми, и этот принцип сохранился до сих пор.

После тяжелой работы, которую миссионеры проделали для создания церкви, пришло время двигаться дальше. Для местных африканцев наступило время идентифицировать церковь как свою собственную, чтобы, владея ею, они чувствовали ответственность за ее дальнейшее развитие и спасение от любых угроз, реальных или воображаемых, которые, казалось, могли бы помешать ее росту среди их сверстников. Это то, что Курева называет идентификацией и укреплением церкви[4]. Все больше и больше африканцев привлекалось к руководству на местах, началось сочинение и перевод гимнов на местный язык.

КЛЮЧЕВЫЕ ФИГУРЫ И ОРГАНИЗАЦИИ, СФОРМИРОВАВШИЕ ЦЕРКОВЬ В ЗИМБАБВЕ

Дэвид Мандисодза записан в истории церкви как первый рукоположенный дьякон в Методистской епископальной церкви в Южной Родезии в 1921 году. Африканцы все больше входили в церковь, где принимались важные решения. В период с 1921 по 1945 год начали формироваться церковные организации. Среди основных организаций, которые были сформированы, - *Методистская епископальная церковь Вабвуви, Методистская епископальная церковь Рувадзано РвеВадзимаи, Нгариенде* и *Африканская христианская конвенция*[5].

Вабвуви, методистская епископальная церковь

---

[4] Курева В.З. **Церковь в миссии**, Нэшивилл, Абингтон, 1997, стр, 67
[5] Там же, стр. 68

Литературное слово *Wabvuwi* означает "рыбаки" на языке шона и относится к подражанию рыбацким экспедициям учеников, которые Иисус перевел на язык рыбаков в рамках евангелизационной миссии. Организация возникла как прямой результат возрождения Методистской епископальной церкви в 1918 году, когда местные жители смогли откликнуться на Евангелие и поделиться им в своем собственном контексте. Мужчины организовались, чтобы начать евангелизационные крестовые походы, в основном с помощью пения, в частности, гимнов с африканской мелодией. Они путешествовали из одного места в другое и стали известны как *маромбе* (бездомные). В их уставе говорится, что их главная задача - приводить других людей к Христу, искать грешников[6]

Вабвуви - это организация, которая выходит за рамки членства в церкви, поскольку в нее допускаются только те, кто уже является ее полноправным членом. Каждая поместная церковь имеет свою собственную группу вабвуви и полностью вовлечена в оперативную деятельность и обеспечение жизнедеятельности.

Объединенная методистская церковь в Зимбабве представлена этой организацией, и пасторы, возглавляющие ее, пользуются преимуществами этой группы и успешно сотрудничают с ней в рамках программ евангелизации. Многие другие церкви, в том числе Методистская церковь в Зимбабве и англикане, также используют этот термин для обозначения своих мужских организаций.

Руквадзано рве Вадзимаи мы Методистская епископальная
церковь (Общество женщин христианского служения)

Возникновение этой организации связано с Лидией Чимонио, которая
основала ее в 1929 году после того, как конференция одобрила создание
такой организации в 1928 году. Лидия Чимонио, чей муж в то время был
студентом теологического факультета в Старом Мутаре, стала первым
руководителем организации на уровне конференции. С тех пор лидерство
в этой организации остается за женой пастора, возглавляющего ее, потому
что изначально лидерство принадлежало женам студентов-теологов в
Старом Мутаре.

Согласно уставу организации, первоначальной целью было
продвижение финансовых, социальных и духовных интересов церкви
(*Bhuku reRuwadzano rweWadzimai weUnited Methodist Church*). Устав был
пересмотрен в 1944 и 1960 годах и включал в себя:

Показать изобильную жизнь Иисуса Христа всем женщинам и девочкам
старшего возраста, чтобы они познали Его и делали то, что Он желает;
через Евангелие, через исцеление и образование, через встречи, чтобы
лучше понять друг друга, и работать вместе с миссионерским обществом
Нгариенде, помогая церкви в деревнях[6].

В женской организации, как и в мужской, тоже есть строгие правила,
которых нужно придерживаться. Женщина должна проявить себя; у них
есть унифицированные платья и правила, когда их следует носить. Эта

---
[6] Там же: 94

организация считается самой жестко организованной группой в Объединенной методистской церкви и по сей день.

Мужская и женская организации являются самыми популярными среди церковных организаций, хотя в настоящее время в церкви существуют и другие. Их становится все больше, по мере того как церковь растет в структуре и развитии.

ЦЕРКОВЬ И АФРИКАНСКИЙ НАЦИОНАЛИЗМ

Церковь перешла на другой уровень и период, когда история и политика Зимбабве также начали меняться. Первый уровень взаимоотношений церкви и государства характеризовался "крест следовал за флагом", так как церковь пришла вместе с колонизацией в попытке обратить африканцев в христианство.[8] После того как большое количество африканцев было обращено, они также захотели увидеть Евангелие и интерпретировать его в контексте своей ситуации, чтобы оно соответствовало ей.

Церкви, которая теперь более чем на 80 % состояла из чернокожих, нужно было знать, как относиться к расовым отношениям, которые теперь существовали в стране. Церковь всегда симпатизировала делу и усилиям африканского национализма. Существовало твердое убеждение, что национализм, направленный на установление свободы, справедливости и уважения человеческого достоинства для всех граждан страны, соответствует духу христианской веры. Церковь понимала национализм как "общее стремление народа к совместной работе по освобождению от любой формы рабства, будь то колониальное, экономическое, социальное или расовое". Поэтому в следующий период в сознании африканцев произошел подъем, связанный с тяжелым положением и угнетением местного населения со стороны колониальных властей. Духовенство и миряне были едины в подходе к этой проблеме как к угнетению, которое требовало совместного осуждения в самых ясных выражениях.

Церковь не стеснялась принимать в этом участие, поскольку рассматривала все происходящее как способ обеспечения свободы и справедливости для народа Божьего, проводя четкие сравнения с Египтом и другими библейскими событиями, которые были санкционированы Богом. Такой образ мышления во многом способствовал вовлечению большего числа членов церкви в борьбу за политическую свободу и независимость своего народа.

ПРОНИКНОВЕНИЕ ЦЕРКВИ В ГОРОДСКИЕ ЦЕНТРЫ

Еще одним интересным явлением в истории Объединенной методистской церкви стало ее проникновение в городские центры. Вначале церковь была ограничена миссионерскими центрами, затем переместилась в сельские общины. Это было вызвано двумя основными причинами: необходимость создания школ означала, что церковь должна была идти туда, где есть люди и место. Места в сельской местности было много, и сельские жители тоже были там, города только зарождались, и многих африканцев не сразу привлекали города, и они предпочитали оставаться в деревнях. Эти две причины привели к тому, что церковь оставалась в миссионерских центрах и деревнях. Те немногие люди, которые были в городах, почти все были мужчинами и всегда были заняты на фабриках, поэтому у них не было времени посвящать себя церкви. Семьи оставались в *Кумуше*, и мужчина регулярно навещал их.

По имеющимся данным, к 1931 году только 39,3% мужчин Зимбабве были заняты наемным трудом.[7] Они работали на фермах, в шахтах и на производстве. В какой-то момент тенденция изменилась, и все больше людей стали и с к а т ь работу в городах. Африканцам было комфортно жить в своих деревнях, и они не хотели искать работу, что негативно сказывалось на росте промышленности. Тогда колониальная администрация ввела своеобразный налог на каждого взрослого мужчину. Единственный способ получить деньги - работать на белого человека, у которого были предприятия в городах, на фермах или шахтах. Африканцам пришлось смириться с денежной экономикой, отправившись в город в поисках работы.

Резкие перемены также увеличили число городских жителей, переехавших из сельской местности. Сначала в этом участвовали только мужчины, но вскоре картина изменилась. Женщины последовали за своими мужьями и начали жить в городе вместе с другими женщинами в поисках работы. Когда в городах стали жить целыми семьями, это означало, что вместе с ними переместился и деревенский образ жизни. Церкви следовали за своими последователями или наоборот. Хорошим примером городских

---

[7] Там же : 96

церквей является ситуация, сложившаяся в Хараре. Поскольку город был еще молодым и растущим, а население увеличивалось, возникла проблема с жильем.

Существовало две категории жилищной системы: одинокие жильцы жили в квартирах в современном Мбаре. Другая категория состояла из женатых и семейных людей, которые жили со своими семьями в городе. Им нужно было предъявить свидетельство о браке - подтверждение, которое могла дать только церковь. В конце шестидесятых годов, когда город Хараре начал реагировать на требования расширения, Объединенная методистская церковь вновь добилась значительных успехов, открыв церкви в африканских жилых районах Хайфилд, Мбаре, Муфакозе, Мабвуку и продолжая делать это по мере роста города. Новые церкви были продолжением церквей миссии и сельских церквей на практике, но в сравнении с ними имели лучшие физические структуры. Городской совет был очень благосклонен и начал выделять места для строительства церквей так же, как выделялись места для школ и пивных. Со временем городская церковь стала самой влиятельной с точки зрения членства и поддержки различных программ Объединенной методистской церкви, и такая ситуация сохраняется до сих пор. Поскольку большинство жителей городов работают, их способность поддерживать церковь привела к тому, что проекты и бизнес церкви стали более успешными, в отличие от поддержки, поступающей из миссионерских центров и сельских церквей.

За миграцией последователей церкви в города сразу же последовало перемещение пасторов в городские округа, что привело к голоду в сельских общинах. Сразу же возникла необходимость в подготовке большего числа священнослужителей, чтобы соответствовать расширению и восполнить пробелы в сельских церквях. Объединенная методистская церковь начала свою деятельность в Мутаре, поэтому ее влияние в городе проявилось сразу же, но также распространилось и на другие города, где уже были созданы другие церкви. В Мутаре было достаточно пасторов, но вскоре в них стали нуждаться и другие города, а также миссионерские центры по всей стране и сельские станции.

Сначала пасторов готовили в Старом Мутаре, хотя и в меньшем количестве. Позже церковь по согласованию с методистской церковью в Зимбабве переехала и начала готовить своих сотрудников в Эпвортском теологическом колледже в Хараре, Хэтфилд. По сей день в этом колледже, который теперь называется Объединенный теологический колледж, готовят пасторов с дипломом, но многие другие церкви присоединились и теперь посылают туда своих студентов. С созданием Африканского университета в Олд-Мутаре Объединенные методисты теперь готовят своих пасторов на богословском факультете, который возглавляет преподобный доктор Б Маензанисе.[8]

ОТНОШЕНИЯ ОБЪЕДИНЕННОЙ МЕТОДИСТСКОЙ ЦЕРКВИ И ГОСУДАРСТВА В ПЕРИОД НЕЗАВИСИМОСТИ

В литературе, написанной этими двумя людьми, преподобным Куревой и епископом Нхиративой, не упоминается тот факт, что церковь через

---

[8] Там же, стр. 99

своего епископа участвовала в борьбе за независимость под руководством политической партии UANC. Вместо этого они упоминают об этом в нейтральном ключе и представляют позицию церкви как совпадающую со всеми другими заинтересованными националистами. История страны, особенно в изложении нынешней администрации, рассматривает церковь и ее руководство как часть движения, боровшегося против освобождения народа.

Однако церковь может отмежеваться от политической позиции одного из своих прихожан, поскольку она отражает его личный выбор и чувства. То, что епископ в то время был сильно вовлечен в политику страны, не означает, что все члены церкви разделяли те же взгляды и чувства. В момент обретения независимости инаугурационный премьер-министр Р. Мугабе признал важность церкви как партнера в развитии и национальном оздоровлении. Будучи сам убежденным католиком, Р. Г. Мугабе пригласил церковь открыто присоединиться к празднованию и восстановлению новой страны.

ГЛАВА ТРЕТЬЯ: БИБЛЕЙСКАЯ КОНЦЕПЦИЯ ИСЦЕЛЕНИЯ И ПРИМИРЕНИЯ

ВВЕДЕНИЕ

На протяжении всей христианской истории в богословских дискуссиях о миссии встречаются упоминания и отголоски темы исцеления и примирения. Именно опыт попыток примириться с жестоким прошлым, необходимость положить конец вражде и долгий труд по восстановлению разрушенных обществ привлекли внимание многих людей, особенно тех, кто занимается работой Церкви в обществе. Однако эта тема должна быть основана на библейском фундаменте, если мы хотим, чтобы она имела смысл и применялась к церкви в христианском сообществе. В этой главе мы рассмотрим и обсудим библейское основание темы как обоснование для рассмотрения церковных инициатив в области национального исцеления и примирения.

ОЗДОРОВЛЕНИЕ

"Ибо Я восстановлю здоровье твое и исцелю раны твои, говорит Господь". (Иеремия 30:17). Под болезнью подразумевается биологический сбой или состояние, которое является ненормальным по отношению к тому, каким Бог создал человеческое тело. Совершенное здоровье означает, что в организме нет ничего неправильного или неполноценного, и нет никаких возможностей для его улучшения. Исцеление - это теологическая тема, которая проходит через всю Библию. Еврейская Библия содержит спорадические упоминания об исцелении, особенно в Книге Псалмов и в рассказах пророков. На древнем Ближнем Востоке, во времена написания Библии, "здоровье" рассматривалось не как чисто физическое, а как более целостное понятие, включающее в себя полное благополучие. Самым важным качеством здоровья было поддержание хороших отношений с Богом. Поэтому исцеление ожидалось через молитву, прошение и мольбу к Богу. Бог либо исцелял напрямую, либо в некоторых случаях через пророков, как, например, когда Елисей исцеляет Наамана (2 Царств 5:1-14) или Исайя исцеляет Езекию (Исайя 38).

Истории исцелений в Новом Завете гораздо более многочисленны и всегда происходят при посредничестве Иисуса или одного из Его учеников. Исцеления, приписываемые Иисусу, очень разнообразны, но есть пять основных тем, которые постоянно повторяются. Во-первых, Иисус делает акцент на сострадании к другим, подражая Золотому правилу - любить брата или сестру, как самого себя. Во-вторых, Иисус совершает исцеления, чтобы продемонстрировать силу Божьего Царства, и в этих случаях важна вера в Бога (Луки 17:11-19). В-третьих, Иисус рассматривает болезнь как нечто неестественное для тела и связанное со злой силой. В таких случаях Иисус выступает как освободитель, освобождая человека от власти зла (Марка 9:17-25). В-четвертых, иногда исцеление Иисуса сопровождается моральным покаянием, что говорит о том, что в основе некоторых болезней лежит грех (Марка 2:5). В-пятых, Иисус пытается научить Своих учеников исцелению, надеясь, что Его последователи увековечат Его служение исцеления (Матф. 10:8).

Рудольф Бультман - современный библейский скептик, придерживающийся антисверхъестественного взгляда на новозаветные рассказы об исцелениях. В своей книге *"Иисус Христос и мифология"* Бультман отвергает буквальный характер рассказов об исцелениях и предлагает рассматривать их как разновидность мифологии или литературного символизма[18]. Бультман считает, что главная тема, проходящая через весь Новый Завет, - это эсхатологическое ожидание того, что Иисус принесет новое Царство Божье. Таким образом, авторы Евангелий стремились укрепить свою эсхатологическую точку зрения с помощью событий и символов, выходящих за рамки повседневной жизни. Бультман утверждает, что современные читатели должны признать чудесные исцеления "мифологией" - литературными приемами, которые библейские авторы использовали для иллюстрации нового Царства на земле. Бультман считает, что у современных читателей другое сознание, которое заложено в научную модель.[19]

СВЕРКА

Термин "примирение" происходит от латинского корня *conciliatus*, что означает "собираться вместе" или "собираться".[20] По сути, примирение в его библейском понимании - это жизнь без стен. Примирение - это и цель - то, чего нужно достичь, - и процесс - средство для достижения этой цели. В примирении нет быстрого решения, это долгосрочный процесс. Он требует своего времени: его темпы нельзя диктовать. Это также глубокий процесс: он включает в себя примирение с несовершенной реальностью, которая требует изменений в отношении людей, их стремлениях, эмоциях, чувствах и убеждениях. Такие глубокие изменения - это огромный и зачастую болезненный вызов, и его нельзя торопить или навязывать. Поэтому примирение должно быть широким и всеобъемлющим процессом. В настоящее время роль населения Зимбабве в процессе примирения ничтожно мала, если в о о б щ е возможна. Процесс должен быть широким и включать в себя многочисленные и разнообразные интересы и опыт всего общества.

Если говорить кратко и обобщенно, то примирение - это относительно дружественные отношения, которые обычно устанавливаются после разрыва отношений, связанного с односторонним или взаимным нанесением серьезных травм[21].

ПРИМИРЕНИЕ: СЕРДЦЕ ЕВАНГЕЛИЯ

Хотя слово "примирение" не встречается как таковое в еврейских Писаниях и лишь четырнадцать раз в Новом Завете, Библия изобилует историями о примирении, начиная с историй Исава и Иакова (Быт 25:19-33:20), Иосифа и его братьев (Быт 37-45) и заканчивая притчами Иисуса, особенно притчей о блудном сыне. Эти истории рассказывают нам о борьбе, которая происходит в попытках достичь примирения. Многие из них заканчиваются, так и не достигнув примирения, что во многом отражает опыт Зимбабве.

Христианское понимание примирения особенно ярко выражено у апостола Павла. Для Павла Бог - автор примирения: в этом он не сомневается. Мы лишь участвуем в том, что Бог совершает в нашем мире. Можно выделить три процесса примирения, в которых участвует Бог. Первый - это примирение грешного человечества с Самим Богом. Об этом, в частности, говорится в Послании Павла к Римлянам (5:1-11), где Павел описывает мир, который христиане имеют со своим Богом, излившим любовь в их сердца через Святого Духа, данного им. Мы примирились с Богом через смерть Сына, Иисуса Христа. Именно через Христа мы получили примирение. Этот акт Божьего примирения, спасающий нас от греха, иногда называют вертикальным примирением. Как таковой, он является основой для всех других форм христианского примирения. Оно также занимает центральное место в опыте Павла, который был обращен ко Христу, пережив гонения на Церковь и став, "в свое время", апостолом Иисуса Христа22.

Второй вид примирения, о котором говорит Павел, происходит между отдельными людьми и группами в обществе. Главным примером такого примирения являются отношения между иудеями и язычниками. Описание того, как это примирение осуществляется через кровь Христа, представлено в Ефесянам 2:12-20: язычники, не имеющие ни надежды, ни обетования, ожили во Христе, Который разрушил стену вражды, разделявшую их, и сделал их согражданами в доме Божьем. Этот второй вид примирения иногда называют горизонтальным примирением.

Третий вид примирения рассматривает работу Бога через Христа в контексте всего творения. В гимнах, начинающих Послания к Ефесянам и

Колоссянам, Бог предстает как примиритель всего сущего и всех людей - на небе или на земле - во Христе (Еф 1:10), чтобы мир воцарился во всем творении через кровь Христова креста (Кол 1:20). Этот вид примирения иногда называют космическим примирением, и он представляет собой полноту Божьего плана для творения, который должен осуществиться в конце времен.

Павел видит, что Церковь участвует в примирительной работе Бога через служение примирения, кратко изложенное Павлом во 2-м Послании к Коринфянам 5:17-20:

Итак, если кто во Христе, тот есть новое творение: все старое прошло, все стало новым!
Все это от Бога, Который примирил людей с Собой через Христа и дал им служение примирения, то есть во Христе Бог примирил мир с Собой, не считаясь с их преступлениями, и доверил весть о примирении нам. Таким образом, христиане - послы Христа, поскольку Бог обращается к ним через них; они умоляют людей от имени Христа, чтобы те примирились с Богом. (NRSV)

Таким образом, христианское повествование о примирении основано на истории воплощения, страстей, смерти, воскресения и вознесения Иисуса Христа и сосредоточено в ней. Мессианское служение Иисуса из Назарета связывает его страдания со страданиями всего человечества и, следовательно, является выражением глубокой солидарности Бога с агонизирующим, раздробленным и измученным миром. В то же время крест - это выражение Божественного протеста против этих страданий, ибо Иисус из Назарета страдал как невинная жертва23.

Именно вертикальное примирение делает возможным горизонтальное и космическое измерения. Именно в этих рамках вертикального, горизонтального и космического примирения мы должны видеть христианскую миссию. Эта миссия укоренена в *missio dei,* исходящей от Святой Троицы в актах творения, воплощения, искупления и завершения. Через Сына Бог принес примирение в мир, преодолев грех, непослушание и отчуждение, которые мы породили. Христос воссоединяет нас с Богом через Свою спасительную смерть, которую Бог подтверждает воскресением и откровением преображенной жизни. Святой Дух наделяет Церковь силой участвовать в этом служении Сына и Духа в примирении мира. Церковь сама нуждается в постоянном примирении, но становится проводником спасительной Божьей благодати в сокрушенный и удрученный мир.

Это библейское понимание примирения можно подвести под пять кратких заголовков:

1. Бог - автор подлинного примирения. Мы лишь участвуем в Божьей примирительной работе. Мы, по словам Павла, "посланники Христа" (2 Кор 5:20).

2. В процессе примирения Бог в первую очередь заботится об исцелении жертв. Это вытекает из двух причин: Бог великих пророков Еврейского Писания и Бог Иисуса Христа особенно заботится о бедных и угнетенных. Во-вторых, очень часто обидчики не раскаиваются, а исцеление жертвы не может быть заложником нераскаявшихся обидчиков.

3. В процессе примирения Бог делает и жертву, и обидчика "новым творением" (2 Кор 5:17). Это означает две вещи. Во-первых, при глубоком проступке невозможно вернуться туда, где мы были до его совершения;

сделать это означало бы принизить тяжесть содеянного. Мы можем только идти вперед, к новому месту. Во-вторых, Бог хочет как исцеления жертвы, так и покаяния обидчика. Ни один из них не должен быть уничтожен; оба должны быть приведены к новому месту, к новому творению.

4. Христиане находят путь через свои страдания, помещая их в страдания, смерть и воскресение Христа. Именно такое соотнесение наших страданий со страданиями Христа помогает нам избежать их разрушительной силы. Она также порождает в нас надежду.

5. Примирение будет полным только тогда, когда все соединится во Христе (Еф. 1:10). До этого времени мы переживаем лишь частичное примирение, но живем надеждой.

Примирение - это действие, в результате которого люди, которые были разлучены и отделены друг от друга, начинают снова идти вместе. По сути, это означает восстановление разорванных отношений или объединение тех, кто был отчужден и отделен друг от друга в результате конфликта, чтобы вновь создать сообщество[24].

ИСТИНА

Истина должна восприниматься как признание виновными и/или обществом обид, страхов и амбиций, неправомерных действий и вины. Примирение, основанное на лжи или непротивлении реальности, не является настоящим примирением и не продлится долго. Хотя правда не всегда приводит к примирению, без правды не может быть подлинного примирения[25]. Неизбежный вопрос, который следует за каждой историей, касается природы истины, и мы понимаем, что "истина" - слово многозначное. Суть примирения заключается не в производстве дешевых заявлений и высказываний, не в бегстве от фактов[26]. Скорее, это столкновение с нежелательными истинами с целью гармонизации несопоставимых мировоззрений, чтобы неизбежные и продолжающиеся конфликты и различия находились хотя бы в единой понятной вселенной. Не может быть истины без справедливости. И справедливости без правды", - сказал премьер-министр Цвангираи.

СУДЬЯ

Справедливость и примирение неразрывно связаны друг с другом, поэтому примирение без них не является истинным примирением и не будет долговечным. Однако стремление к справедливости и примирение - это не одно и то же. Справедливость - необходимое условие для примирения, но не достаточное. Работая над примирением, вы должны взглянуть на прошлое и исправить обиды, одновременно создавая пригодное для жизни и дружелюбное настоящее и будущее для всех участников[27].

МЕРСИ

Милосердие означает предложение о помиловании. Преступник должен сказать правду, извиниться и, по возможности, возместить ущерб. Личное извинение за содеянное, признание ответственности помогут восстановить межличностные отношения и проложить путь к справедливости, позволяя жертве и преступнику вместе определить прошлое и наметить общее будущее. Прощение может последовать, но его нельзя принуждать.

МИР

Мир - это не просто отсутствие явного насилия; он предполагает активное создание справедливых, гармоничных, здоровых и устойчивых отношений на разных уровнях общества.

Мир не может быть достигнут без справедливости, и это всегда понимается и предполагается в Библии. Псалом 85, стих 10, гласит: "Праведность и мир будут целовать друг друга". По мнению Гарольда Уэлла, праведность (правильные отношения с Богом и друг с другом) и справедливость - это синонимы в еврейском языке, и когда процветает праведность и царит мир, мы примиряемся с естественным порядком вещей. Действительно, плодом праведности будет мир, а следствием праведности - спокойствие и уверенность (Исаия 32:15-17)[28]. Отныне с этой точки зрения мир объединяет человека, общество и природу. Таким образом, он становится всеобъемлющей парадигмой, на основе которой можно судить о жизни и отношениях в целом, а не просто техникой решения социальных споров.

ЦЕРКОВЬ: ОБЩИНА ПАМЯТИ И НАДЕЖДЫ

Так где же в этом случае находится Церковь? Ее участие в *missio dei*, понимаемой здесь как примирение Богом мира с Самим Богом, отмечено тремя особенностями. Служение примирения делает Церковь, во-первых, общиной памяти и, во-вторых, общиной надежды. Ее миссия - словом и делом - послания примирения делает возможным то, что для многих, возможно, является наиболее интенсивным переживанием Бога, возможным в нашем беспокойном, разбитом мире.

Церковь - это прежде всего сообщество памяти.   Она не участвует в забвении, к которому призывают уязвимые и бедные слои населения влиятельные политики, - забыть их страдания, стереть воспоминания о том, что с ними сделали, вести себя так, б у д т о правонарушений никогда не было. Церковь как сообщество памяти создает безопасные пространства, где о воспоминаниях можно говорить вслух и начинать трудный и долгий процесс преодоления законного гнева, который, если его не признать, может отравить любые возможности для будущего. В безопасном пространстве доверие, которое было подорвано, достоинство, которое было отвергнуто и о т н я т о, имеет шанс возродиться. Сообщество памяти также заботится о правдивой памяти, а не об искажающей лжи, которая служит интересам преступника за счет жертвы. Сообщество памяти сохраняет фокус памяти, поскольку стремится к справедливости во всех ее измерениях - карательном, восстановительном, распределительном, структурном.[29] Если не стремиться к справедливости и не бороться за нее, то рассказывание правды будет звучать фальшиво, а созданные безопасные пространства - бесплодными. Шрайтер проницательно показывает связь между воспоминаниями и идентичностью. В контексте насилия и того, что Шрайтер рассматривает к а к борьбу между нарративом лжи и искупительным нарративом, он выделяет "реконструкцию памяти" как предшествующую способность доверять. Связывая память с идентичностью, он продолжает утверждать:

Память - главное хранилище нашей идентичности. Мы обращаемся к памяти, чтобы понять, кем мы были как личность и как народ. Мы пополняем память по мере накопления опыта и понимания; мы корректируем наши воспоминания в свете этого опыта и понимания. Потеря памяти - это потеря идентичности[30].

Тот же самый аргумент о связи между памятью и идентичностью Сантер выдвигает применительно к Северной Ирландии. Отвечая на вопрос: "Почему категория "память" так важна?", он утверждает:

Память важна, потому что она играет решающую роль в нашем чувстве идентичности. Человек с амнезией утратил свою идентичность, за исключением того, что можно восстановить из исследований и воспоминаний других людей. Именно благодаря нашей памяти, воспоминаниям о прошлом и тому, что другие рассказывают нам о прошлом, мы идентифицируем себя как тех, кем мы являемся[31].

Сообщество памяти также озабочено будущим памяти, то есть перспективами прощения и тем, что лежит за его пределами. Трудное служение памяти, если его можно так назвать, возможно потому, что оно основано на памяти о страстях, смерти и воскресении Иисуса Христа: Того, Кто был без греха и стал грехом ради нас, чтобы мы могли стать справедливостью Божьей (ср. 2 Кор 5:21).

Жизнь в памяти о том, через что прошел Христос - через страдания и смерть, но не забытый и действительно воскрешенный Богом, - является источником нашей надежды. Надежда позволяет нам сохранять видение примиренного мира, но не в какой-то легкой утопической манере, а в памяти о том, что Бог совершил в Иисусе Христе. Павел хорошо передает это в другом отрывке из Второго послания к Коринфянам:

Но мы храним это сокровище в глиняных сосудах, чтобы было ясно, что эта необыкновенная сила принадлежит Богу, а не нам. Мы всячески скорбим, но не сокрушаемся; недоумеваем, но не отчаиваемся; гонимы, но не оставлены; поражаемы, но не уничтожаемы; всегда носим в теле смерть Иисуса, чтобы и жизнь Иисуса была видна в наших телах (2 Кор 4:7-10).

ПРОЩЕНИЕ

Без прощения мы застреваем в проступке и не можем двигаться вперед, к новой жизни. Мы не прощаем, потому что мы правы, и хотим быть оправданными даже больше, чем хотим быть свободными или счастливыми. Примирение основывается на прощении и исходит из него.

Прощение никогда не отрицает правонарушения (Римлянам 3:10-23). Но оно прощает совершившего его, который явно не знает, как лучше, или слишком болен, чтобы понять разницу. Прощение не означает, что вы должны открыть дверь ворам. Оно не требует от людей быть дураками. Ирония заключается в том, что чем меньше человек прощает, тем более жестокосердным, мстительным и злым он становится, а значит, тем меньше способен видеть правду в любом виде. Ненависть не только отвергает радость, она отвергает истину и не может распознать реальную угрозу, когда она есть.

Прощение часто является последней ступенькой на этой маленькой лестнице к эмоциональной и духовной свободе. Как примириться, если вы не прощаете? Как сказала Корри Тен Бум, христианка, пережившая нацистский концлагерь во время Холокоста: "Простить - значит освободить заключенного и понять, что этим заключенным был ты "[32].

Один из лучших примеров прощения - история Иосифа и его братьев, которые из собственной зависти и жадности предали его и оставили умирать. Он полз, чтобы выжить, затем попал в рабство и был брошен в тюрьму. П р о ш л о много лет. И все же, когда спустя много лет его братья пришли в Египет, он не только простил их, увидев, что они изменились (и проявили истинное раскаяние), но и порадовался за них.

Учение Иисуса в Новом Завете представляет прощение как важнейшую характеристику *экклесии*. Община учеников должна отличаться от светских обществ своим желанием и готовностью прощать и примиряться. Вера, которую они унаследовали, призывает их содействовать примирению народов. Необходимо подчеркнуть общественное значение любви к Богу и любви к ближнему, а также искупительное присутствие Бога.

Прощение - это в то же время компонент человеческого существования, от которого нельзя легко отказаться без значительных личных и общественных затрат. До тех пор пока общество не посмотрит на свое прошлое, не признает неудачу и не станет честно и смиренно искать исцеления и прощения, будет сохраняться притворство, что все в порядке. Багаж прошлого будет продолжать отягощать нынешнюю жизнь, а наследие вины, стыда, обиды и страха будет перенесено в будущее. Однако там, где общины честно и мужественно признают то, что их связывает, и приступают к процессу прощения и исцеления, это наследие постепенно исчезает.

Позитивное определение прощения, данное Туту, является

чрезвычайно сложным для жертв или, скажем так, тех, кто оказался на стороне апартеида, в случае с Южной Африкой. "Простить, - говорит Туту, - значит отказаться от своего права отплатить преступнику его же монетой, но это потеря, которая освобождает жертву". Отвечая на вопрос, зависит ли прощение жертвы от раскаяния и признания преступника, Туту отвечает:

Несомненно, такое признание, конечно, очень помогает тому, кто хочет простить, но оно не является абсолютно необходимым (курсив мой). Иисус не стал ждать, пока те, кто прибивал Его к кресту, попросят у Него прощения. Он был готов, пока вбивали гвозди, молить Отца простить их и даже дал оправдание тому, что они делали. Если бы жертва могла простить только тогда, когда преступник признается, тогда жертва была бы заперта в прихоти преступника, заперта в виктимности, независимо от ее собственного отношения или намерения" (см. Müller-Fahrenholz 1997 The Art of Forgiveness)[33].

В типичном стиле повествования Туту продолжает показывать, как акт прощения открывает окно в будущее не только для прощающего, но, в частности, и для обидчика, поскольку прощение - это декларация веры в способность последнего начать новую жизнь.

ЗАКЛЮЧЕНИЕ

Эта глава посвящена концепции примирения, определению терминов и круга ведения этой концепции. В ней также обсуждались библейские аспекты, связанные с этим предприятием, и библейское основание концепции. Также были рассмотрены последствия примирения и требования, предъявляемые к этому процессу.

ГЛАВА IV: ИСТОРИЧЕСКИЕ ПРЕДПОСЫЛКИ ПОЛИТИЧЕСКИХ КОНФЛИКТОВ И НЕОБХОДИМОСТЬ НАЦИОНАЛЬНОГО ОЗДОРОВЛЕНИЯ И ПРИМИРЕНИЯ В ЗИМБАБВЕ

4.1 ВВЕДЕНИЕ

Доколониальная эпоха, колониальная эпоха и постколониальная эпоха являются легко определяемыми историческими периодами, в которые происходили конфликты в Зимбабве. У каждой эпохи есть свои источники конфликтов, которые можно рассматривать как политические, экономические и культурные. Однако различные эпохи оказывают друг на друга глубокое влияние. Ситуацию усложняет тот факт, что конфликты, существовавшие до колониализма, использовались колониальной системой в рамках стратегии "разделяй и властвуй" для сохранения власти и контроля, а в постколониальный период унаследовали и увековечили некоторые из тех же моделей мышления, стратегий и институтов. Это делает проблемы исцеления, примирения, справедливости и мира в Зимбабве очень сложными, так как необходимо бороться с нынешней болью и ранами, а также залечивать раны прошлого. Исторические раны дошли до наших дней через воспоминания, устные традиции и записанные отчеты. Представители одной группы, ставшие жертвами насилия в одну эпоху, иногда оказываются виновниками в другую. Ниже перечислены основные исторические конфликты, которые требуют нашего внимания ради национального оздоровления.

ПРЕКОЛОНИЯ

Доколониальные этнические конфликты, связанные с контролем над ресурсами и разграничением территорий, являются глубокими источниками конфликтов в нашей истории. Один из самых значительных конфликтов связан с набегами ндебеле на группы шона. Шона передают своим детям истории об этих набегах, в ходе которых ндебеле отбирали скот, еду, сильных молодых мужчин и красивых женщин. На протяжении многих лет шона культивировали негативные чувства по отношению к группам ндебеле. Эти чувства включают в себя ненависть, презрение, подозрительность и желание отомстить. Эти чувства могут объяснить продолжающееся соперничество между группами, которое проявлялось во время освободительной борьбы, а также в спорте, культурной и политической деятельности. Необходимо излечить болезненные воспоминания, связанные с этим этническим соперничеством. Чтобы примирение состоялось, люди должны задать себе важные вопросы. Например, что это за истории? Для каких целей эти истории рассказывались на протяжении многих лет? Насколько полезны эти истории? Можно ли рассказать эти истории по-другому? Как эти исторические события повлияли на психику соперничающих групп? Какое влияние оказала потребность в рабочих местах, из-за которой этнические группы стали селиться во всех частях страны?

КОЛОНИАЛЬНАЯ ЭПОХА

В колониальную эпоху доминировали расовые конфликты, вызванные расовой дискриминацией во всех сферах. Среди чернокожих развивались комплексы неполноценности, а среди белых - комплексы превосходства. Это вызвало недовольство чернокожих, которые затем начали освободительную борьбу. Эта борьба еще больше разжигала ненависть между расовыми группами. Эти восприятия и чувства влияют на нас и сегодня. Мы нуждаемся в исцелении от них. Но прежде чем это произойдет, расовые группы должны покаяться в своих грехах. Как черные и белые люди могут добиться подлинной интеграции и солидарности друг с другом? В своем обращении к нации после объявления результатов выборов премьер-министр страны Кде. Роберт Мугабе сказал;

Мы не намерены использовать наше большинство для того, чтобы сделать меньшинство жертвой. Мы позаботимся о том, чтобы в этой стране нашлось место для каждого. Мы хотим обеспечить чувство безопасности как для победителей, так и для проигравших.[34]

...Зимбабве не принадлежит нам, ее одолжили нам будущие поколения, и поэтому мы должны оставить ее для них в лучшем виде[35]

Эти заявления прозвучали после выборов в Зимбабве, которые установили власть черного большинства. Мугабе был убежден, что, несмотря на все обиды, реальные или мнимые, которые меньшинство причинило черному большинству, необходимо примириться и двигаться вместе. Белые меньшинства считали себя ответственными за создание системы, которая лишила чернокожих любого значимого доступа к имеющимся ресурсам, тем самым обрекая их на вечную нищету. Если бы чернокожие после обретения независимости решили мстить, у них была бы воля и сила, но первая речь премьер-министра говорит о примирительном тоне.

ПОСТКОЛОНИАЛЬНАЯ ЭПОХА

"Если вчера я сражался с вами как с врагом, то сегодня вы стали другом и союзником, имеющим те же национальные интересы, преданность, права и обязанности, что и я сам. Если вчера вы ненавидели меня, то сегодня вы не можете избежать любви, которая связывает вас со мной и меня с вами. Обиды прошлого должны быть прощены и забыты". Эти слова принадлежат Роберту Мугабе, первому постколониальному лидеру Зимбабве, а время - 17 апреля 1980 года, через несколько месяцев после окончания правления белых родезийцев. Они знаменуют начало так называемой Политики примирения. Виктор де Ваал назвал поведение Мугабе "чудом" и "демонстрацией человеческой зрелости, равной которой пока редко можно найти в нашем мире". По мнению многих наблюдателей, это поставило его в один ряд с другими африканскими государственными деятелями, настроенными на примирение, - Леопольдом Сенгором из Сенегала, Джулиусом Ньерере из Танзании, Кеннетом Каундой из Замбии и Джомо Кеньяттой из Кении[36].

Постколониальная эпоха началась с радостью от обретения независимости от колониализма. В период после обретения независимости были зафиксированы успехи в области образования, здравоохранения, социальных услуг и общих свобод. Как отмечается в книге "ЗИМБАБВЕ, которую мы хотим", церковь смогла создать прочную инфраструктуру, которую колониальному режиму удалось сохранить, несмотря на экономические санкции, введенные Организацией Объединенных Наций после одностороннего провозглашения независимости в 1965 году".

Однако, как нация, мы совершили ошибки в эйфории независимости. Как нация Зимбабве забыла позаботиться о нуждах тех, кто был травмирован войной, особенно бывших комбатантов. Страна игнорировала тех, кто был физически и психологически опустошен бедностью, дискриминацией и угнетением. Их не консультировали и не л е ч и л и . Белым, потерявшим политическую власть, не помогли исцелиться от травмы, полученной в результате этой потери. Некоторые из них пытались воссоздать Родезию даже в условиях новой нации и черного правительства.

Было претенциозно, что все могут начать все заново в новом Зимбабве, не разбираясь с прошлым и не определяя коллективно, какое будущее желательно для нации. Гнев и ненависть, накопившиеся за долгие годы, не могли просто исчезнуть с обретением независимости. Эта неспособность разобраться с прошлым продолжает преследовать страну.

ПОЛИТИЧЕСКИЕ ИСТОЧНИКИ НАПРЯЖЕННОСТИ

Политические источники конфликтов включают в себя неустанное стремление к власти, которое демонстрировали группы и отдельные люди в нашей истории. Некоторые группы и индивиды демонстрировали стремление монополизировать власть и политический контроль за счет других групп и индивидов. Те, кто был маргинализирован, сопротивлялись исключению. Возникшие в результате конфликты легли в основу политических конфликтов и контекста, в котором мы совершали зло друг против друга и грешили против Бога.

Наша политическая история характеризуется использованием государственных институтов в качестве партийных инструментов для поддержки власть имущих. Те, кто выступал против правителей, подвергались маргинализации, а иногда и уголовному преследованию. За всю историю страны не было создано пространства для здоровых политических дебатов и борьбы. Это вызвало много разочарований и недовольства37.

Формирование сильных оппозиционных партий стало источником сильных политических конфликтов и насилия. Женщины, молодежь и меньшинства чувствуют, что они не в полной мере включены в процесс развития страны38. Таким образом, в политическом плане страна глубоко расколота.

Любое богословие примирения должно прислушиваться к тезису, высказанному теологией освобождения. При толковании спасительного значения крестной смерти Христа мы не должны отделять эту смерть от конкретных исторических обстоятельств. Иисус подвергся гонениям и был осужден на смерть светским и религиозным истеблишментом своего времени за то, что говорил правду, требовал справедливости и проявлял сострадание. Евангелие призывает христиан быть проводниками примирения между группами и народами, оказавшимися в истории конфликтов и вражды39.

Однако послание о примирении может быть использовано идеологически для защиты привилегий могущественного угнетателя. Например, в

Южной Африке, охваченной апартеидом, некоторые либеральные церкви обвиняли в том, что проповедь примирения - это тонкий способ избежать сопротивления злу. Они выступали против несправедливости и дискриминации, но при этом верили, что великодушие, взаимопонимание и прощение всех сторон приведут к лучшему, более примиренному обществу.

Т. Мофокенг откровенно и прямо говорит о вопросе примирения. По его словам, примирение между черными и белыми в этой стране (ЮАР) невозможно до тех пор, пока угнетающие структуры и институты, будь то черные или белые, не будут преобразованы и поставлены на службу в интересах обездоленного большинства...[40]

В свете этого заявления важно подчеркнуть, что любые разговоры о примирении не должны игнорировать историческое измерение и должны начинаться с осознания истории отчуждения, конфликта и вражды. По мнению Десмонда Туту, правильное богословие должно помочь людям утвердить свою личность и человечность, потому что только "личности" в конечном итоге могут быть примирены.

4.6 ЭКОНОМИЧЕСКИЙ ИСТОЧНИК НАПРЯЖЕННОСТИ

Экономические источники конфликтов связаны с контролем над ресурсами страны, включая богатство, землю, полезные ископаемые, собственность и другие национальные ресурсы. Бедность маргинализированного большинства, коррупция, нерациональное использование ресурсов, санкции, отсутствие прозрачности и подотчетности являются постоянными источниками конфликтов. Борясь за свое ущемленное достоинство и отстаивая свои экономические преимущества, мы потеряли из виду человечность других людей.

Нас разделили разногласия по поводу того, как должны принадлежать, использоваться и распределяться национальные ресурсы и социальные блага. В центре экономических конфликтов было распределение и перераспределение земли. Экономический спад после обретения независимости, отчасти вызванный экспериментами с программами структурной перестройки, и кризис руководства, который продолжает преследовать страну, привели к разочарованию. Это разочарование и нетерпение в конечном итоге заставили людей прибегнуть к насильственным и непрозрачным способам получения доступа к земле. Коррупция, некомпетентность, бесхозяйственность, высокомерие и экономическая жадность привели к краху экономики.

СОЦИОКУЛЬТУРНАЯ НАПРЯЖЕННОСТЬ

Социальные источники конфликтов связаны с воспринимаемыми культурными различиями, этническими группами и разделениями, религиозными различиями, а также расовыми, гендерными и классовыми различиями. Желание и попытки одних групп культурно доминировать над другими приводят к социальным и культурным конфликтам. В Зимбабве нетерпимость, недоверие, отсутствие уважения к другим культурным группам были усугублены тактикой "разделяй и властвуй", применявшейся колониальными системами. Эта тактика была заново изобретена в постколониальном контексте, когда политические партии и фракции были этнически или племенными. Различие между теми, кто, как предполагается, участвовал в освободительной борьбе, и теми, кто, как считается, не внес в нее никакого вклада, также использовалось в качестве источника социально разрушительного разделения.

Социальные конфликты были сложными и глубокими. Основные права человека нарушались. Насилие было институционализировано, о чем свидетельствуют различные последовательные случаи в период войны до обретения независимости, Гукурахунди, перераспределение земель, Мурамбатсвина, насилие во время выборов, из которых самым тяжелым был период после согласованных выборов 29 марта 2008 года. Все это способствовало росту разочарования и гнева, с которыми необходимо справиться, чтобы добиться национального оздоровления и примирения. Нация должна признать и отреагировать на глубокие раны, нанесенные всем этим.

Насилие, имевшее место после согласованных выборов 29 марта 2008 года, оставило глубокие шрамы на теле зимбабвийского народа. В своем заявлении для прессы от 30 апреля 2008 года Католическая комиссия за справедливость и мир (ККСМ) сообщила о "систематическом насилии по всей стране в виде нападений, убийств, похищений, запугивания и бессмысленного уничтожения имущества в отношении невинных граждан, чье предполагаемое преступление заключается в том, что они проголосовали "неправильно"".

Постколониальные социальные конфликты были вызваны образом мышления, эмоциональными реакциями и социальными институтами, созданными для нас как для отдельных людей и как для социальных групп. То, что мы думаем о себе и о наших отношениях с другими, определяет наши отношения друг с другом. В центре нашего мышления - раскол, исключительность и агрессивность. Это касается и партийной политики, и расовых конфликтов, и этнических разногласий, и гендерного и поколенческого раскола. Разумно признать и признать различные культурные вражды, которые влияют на политику, экономику, церковь и другие собрания и социальные мероприятия. Это серьезная область, нуждающаяся в исцелении и примирении.

ГДЕ СЕЙЧАС НАХОДЯТСЯ ЗИМБАБВИЙЦЫ

Нация - это совокупность людей, семей, сообществ и этносов, связанных между собой историей, рождением, географией и общей системой управления. В целом нация не может быть отдельным человеком или избранной группой людей и сообществ, которые определяют историю, право рождения, географическое пространство и политическую власть, исключая значительную часть людей, семей, сообществ и этнических групп.[41]

Библейская аналогия с коленами Израиля, которые изначально были детьми Иакова, дает нам представление о божественном тяготении от единичности к разнообразию. Это тяготение к разнообразию прослеживается во всей Библии: от Адама, Ноя, Иакова, двенадцати учеников, разнообразия четырех Евангелий, единства в разнообразии ранней Иерусалимской церкви и до грандиозного финала - многотысячной толпы тысяч и тысяч из всех языков и племен перед престолом Божьим (Откровение 7). Современное христианство - это множество разнообразных доктрин, верований, убеждений и практик, но все они сосуществуют в условиях терпимости и ненасилия.

Таким образом, по определению, нация - это совокупность сосуществования различных семей, племен, этнических групп и мнений. Индивидуальность и разнообразие людей и сообществ должны признаваться, защищаться, регулироваться, иметь возможность выражаться и быть представленными, гармонизироваться и уравновешиваться для большего блага и прогресса нации.[42] Любая нация, которая не признает, не утверждает и не защищает разнообразие индивидуальных и коллективных прав и выражений этих прав, приведет к расколу, конфликтам, дезинтеграции и регрессу. Многие страны были опустошены непрекращающимися гражданскими войнами и кровопролитием, возникшими из-за чувства отчуждения радикально настроенного меньшинства.

Зимбабвийское общество разнообразно с точки зрения расы, культуры, религиозной и политической принадлежности. Эти различия могут быть взаимообогащающими при условии, что общество будет принимать друг друга и терпимо относиться к тем различиям, которые могут быть нам не по душе, например, к политическим разногласиям. Нетерпимость сделала зимбабвийское общество крайне поляризованным. Это, в свою очередь, породило культуру насилия в семье и различных сферах общественной жизни. На протяжении многих лет зимбабвийцы как народ совершали очень серьезные социальные, политические и экономические ошибки. Важно определить, в каких областях они совершили эти ошибки, чтобы принять меры по их устранению. Основной причиной конфликтов в Зимбабве является постоянное нарушение человеческого достоинства и, следовательно, прав человека. Благодаря этому они мешают друг другу достичь человеческой самореализации, лишая друг друга жизни, образования, крова, здоровья, информации, свободы слова и объединений, свободы совести, справедливости и мира.

Благая весть Христа гласит, что люди едины. Если мы действительно преображаемся, наша вера становится нашей культурой. Как отмечает Папа Иоанн Павел II, "вера, которая не становится культурой, не является полностью принятой, не является полностью продуманной, не является верно прожитой".

Южноафриканский композитор; тематическое исследование.

ХРИСТИАНСТВО И ХРИСТИАНЕ В ПОСТ-АПАРТЕИДНОЙ ЮЖНОЙ АФРИКЕ - The

Комиссия по установлению истины и примирению (КИП)

Многие христиане, такие как архиепископ англиканской церкви в Южной Африке Десмонд Туту, отдали лучшие годы своего служения моделированию возможности расовой интеграции в обществе. Эти усилия стоили огромной личной цены. На протяжении почти сорока лет церковные кафедры были единственным относительно безопасным местом, где можно было высказаться о политике и злоупотреблениях правительства43.

К сожалению, многие из тех, кто выступал против этих злоупотреблений, попадали под запрет (то есть им запрещалось проповедовать, посещать публичные собрания или находиться в группах, состоящих более чем из двух-трех человек). Другие были заключены в тюрьму на длительные сроки или убиты44.

Несмотря на эти угрозы, церковь разработала множество пророческих заявлений (таких как исповедание Белхар, Коэтслоуская декларация и документ Кайрос) и поддержала задачу социального и политического освобождения в Южной Африке.45

Когда в 1994 году с первыми демократическими выборами в Южной Африке закончился апартеид, задача по содействию исцелению и примирению была поставлена перед церковными лидерами. Под руководством архиепископа Туту по всей Южной Африке был развернут новаторский процесс, названный Комиссией правды и примирения (КИП).

КИП был официальным органом, санкционированным новоизбранным правительством для проведения слушаний, на которых жертвы грубых нарушений прав человека могли дать показания о совершенных над ними издевательствах. Виновные в нарушениях имели возможность дать показания и попросить об амнистии за свои преступления.

Цель КИП заключалась в том, чтобы дать жертвам возможность рассказать свою историю, а преступникам - рассказать правду и подать заявку на амнистию, чтобы предотвратить возмездие в "новой Южной Африке". Центральное место в КИП занимало понятие прощения и восстановительного правосудия[46].

ИСЦЕЛЕНИЕ КОНФЛИКТОВ И НЕДОПОНИМАНИЯ

Как показывают все предыдущие обсуждения, примирение подразумевает компонент исцеления. Многие из официальных правительственных и церковных признаний и извинений, о которых говорилось ранее, ставили своей главной целью исцеление. Например, в случае церковных извинений часто проводился предварительный диалог с пострадавшими группами, чтобы убедиться, что итоговое заявление отражает их искренние опасения и не усугубляет проблему. Там, где этот диалог отсутствовал, извинения не принимались или принимались не полностью.

В этой связи исследования в области национального примирения показали, что для успешного восстановления отношений между двумя конфликтующими группами они должны быть способны к конструктивному общению, свободному от стереотипов и негативных эмоций, вызванных прошлым болезненным опытом общения друг с другом[47]. Для того чтобы создать условия для такого диалога и исцеления, необходимы следующие элементы:

(i)   совместный анализ истории конфликта;

(ii)   официальное признание несправедливости и исторических ран; и

(iii)   официальное признание моральной ответственности.

(iv)   Вовлечение других организаций, оказывающих

непосредственное влияние на общество, помимо правительства

Несомненно то, что Церковь на юге Африки сталкивается с рядом сложных контекстуальных проблем, которые потребуют от нее большого мужества и верности, если христианская вера будет продолжать оказывать положительное влияние на общество.

ГЛАВА ПЯТАЯ: ИНИЦИАТИВЫ И УЧАСТИЕ ОБЪЕДИНЕННОЙ МЕТОДИСТСКОЙ ЦЕРКВИ В НАЦИОНАЛЬНЫХ ПРОГРАММАХ ИСЦЕЛЕНИЯ И МИРА: БОГОСЛОВСКИЕ И ПРАКТИЧЕСКИЕ ПЕРСПЕКТИВЫ

5.1 ВВЕДЕНИЕ

На протяжении многих лет, начиная с 1980 года, организации гражданского общества и церкви в Зимбабве, реализуя свой библейский и моральный мандат, самостоятельно осуществляли программы по укреплению мира в определенных географических районах, которые они выбирали для работы. Однако в последние пять с лишним лет некоторые из этих организаций время от времени считали полезным сотрудничать с родственными организациями для осуществления определенных конкретных мероприятий. Именно в этом духе действовали Национальная ассоциация неправительственных организаций Зимбабве (НАНГО), Христианский альянс, Форум НПО, другие организации гражданского общества и главы христианских конфессий (ГХД), включающие Евангелическое братство Зимбабве (ЕФЗ), Конференция католических епископов Зимбабве (ККЕЗ) и Совет церквей Зимбабве (СЦЗ) решили сотрудничать друг с другом в рамках Форума церкви и гражданского общества Зимбабве (ФЦГОЗ) для содействия национальному примирению и исцелению скоординированным и согласованным образом.[48]

После учреждения Органа по национальному примирению и

восстановлению в новом всеохватном правительстве Зимбабве форум от всей души приветствовал это событие и установил с ним контакт для изучения путей сотрудничества и совместной работы. Форум отметил, что статья VII исторического Глобального политического соглашения (ГПД) от 15 сентября 2008 года гласит, в частности, что стороны договорились о следующем:

"...рассмотреть вопрос о создании механизма для надлежащего консультирования по вопросу о том, какие меры могут быть необходимы и практически осуществимы для достижения национального оздоровления, сплоченности и единства в отношении жертв политических конфликтов, имевших место до и после обретения независимости "[49].

В соглашении учитывается тот факт, что в истории Зимбабве были периоды, которые были чреваты конфликтами и в ходе которых совершались акты политического насилия, а также то, что, если не будут эффективно преодолены обида, боль и чувство утраты, вызванные этими конфликтами, зимбабвийцы никогда не смогут ощутить подлинный мир, единство и национальную сплоченность.

К таким периодам относятся:

• Период до войны за независимость
• Гукурахунди
• Перераспределение земель
• Операция "Мурамбацвина
• Насилие во время выборов
• Другие: как будет определено сообществами в конкретных населенных пунктах

Чтобы национальное примирение и исцеление происходили эффективно, необходимо, чтобы вся нация участвовала во всеобъемлющем, всеохватывающем, целостном и четко определенном национальном процессе, подкрепленном сильной политической волей и желанием примирить и исцелить нацию.

5.2 ОБЪЕДИНЕННАЯ МЕТОДИСТСКАЯ ЦЕРКОВЬ ПРИЗЫВАЕТ К НАЦИОНАЛЬНОМУ ИСЦЕЛЕНИЮ

Восточная ежегодная конференция Зимбабве (ZEAC) Объединенной методистской церкви собралась с 11 по 13 декабря 2009 года, чтобы подвести итоги года, который был уникальным по своим социально-политическим и экономическим условиям. Тема конференции "БУДУЩЕЕ С НАДЕЖДОЙ", Иеремия 29:11, с каждым годом становилась все более значимой: Богу хорошо известны планы, которые Он имеет для Своего народа, планы не во вред, а для того, чтобы дать надежду. Это было открытое заявление высшей церковной общины, принимающей решения, задающее тон официальной позиции Объединенной методистской церкви, участвующей в восстановлении страны через надежду.

Нынешний епископ Объединенной методистской церкви преподобный доктор Эбен Нхиватива сказал;

"Призыв к национальному исцелению - это постоянный призыв Евангелия Иисуса Христа. Когда люди отдаляются друг от друга, необходимо прощение. Позиция церкви - поощрять этот дух исцеления. Для нас, христиан, это проверка того, способны ли мы жить по вере в наших условиях". [50]

Епископ озвучил свою позицию и позицию церкви в вопросах примирения и построения мира. На этой же конференции председатель коннекционного служения конференции преподобный Даниэль Чицику приветствовал все усилия, предпринимаемые всеми социальными, политическими и экономическими заинтересованными сторонами, чтобы вернуть национальную гордость. Он сказал: "Как церковь мы вносим значительный вклад в улучшение положения нашей нации, участвуя в различных форумах процесса национального исцеления и примирения. Мы продолжаем молиться о том, чтобы во всех сферах возобладало здравомыслие. Мы призываем всех любителей мира и единства, начиная с нас как церкви, что после всех ран, нанесенных друг другу кем бы то ни было и по каким бы то ни было мотивам, настало время сесть вместе и пообедать за столом братства "[51]. Преподобный доктор Дэвид Бишау считает, что церковь и общество на всех уровнях должны расширить свои горизонты, чтобы охватить вопросы национального исцеления.

ЦЕРКОВЬ И ОБЩЕСТВО КАК ОРГАН ПРОГРАММЫ ПРОСВЕТИТЕЛЬСКОЙ ДЕЯТЕЛЬНОСТИ ОБЪЕДИНЕННЫХ МЕТОДИСТОВ

Права и привилегии, которыми общество наделяет или лишает тех, кто в него входит, указывают на относительное уважение, которое это общество питает к конкретным людям и группам людей. Объединенная методистская церковь утверждает, что все люди одинаково ценны в глазах Бога. Поэтому она работает над созданием общества, в котором ценность каждого человека признается, поддерживается и укрепляется. Церковь поддерживает основные права всех людей на равный доступ к жилью, образованию, общению, трудоустройству, медицинскому обслуживанию, судебному разрешению жалоб и физической защите и осуждает акты ненависти или насилия в отношении групп или лиц по признаку расы, этнической принадлежности, пола, сексуальной ориентации, религиозной принадлежности или экономического положения. Уважение к достоинству, присущему всем людям, побуждает церковь призывать к признанию, защите и реализации принципов Всеобщей декларации прав человека, чтобы сообщества и отдельные люди могли требовать соблюдения своих универсальных, неделимых и неотъемлемых прав и пользоваться ими[52].

Комитет "Церковь и общество" отвечает за то, чтобы церковь не была независимой от общины, в которой она существует, и поэтому в своей деятельности она должна ориентироваться на общинные программы. Выходя в общество, церковь должна искать и выявлять актуальные проблемы общества, чтобы ее деятельность соответствовала тем вопросам, от которых выигрывают или страдают ее члены как общины церкви. Вопрос исцеления и примирения - это национальный вопрос, затрагивающий все население Зимбабве, то есть то же самое население, которое составляет церковную общину. Предложение и маневр, выдвинутые Объединенной методистской церковью, учитывали эту точку зрения и решили вести церковь, которая соответствует своему обществу и общине в каждый конкретный момент.

5.3 УСТАВНАЯ ПОЗИЦИЯ ЦЕРКВИ В ВОПРОСАХ СПРАВЕДЛИВОСТИ И ПРИМИРЕНИЯ

Для Объединенной методистской церкви краеугольным камнем ее веры являются уставы, закрепленные в Книге дисциплины. Раздел 202

(Функция поместной церкви) Книги дисциплины Объединенной методистской церкви гласит:

Церковь Иисуса Христа существует в мире и для мира. Церковь встречается с миром, прежде всего, на уровне общины, состоящей из одной или нескольких поместных церквей. Поместная церковь - это стратегическая база, с которой христиане выходят в структуры общества.[53]

Здесь церковь рассматривается как основная форма и уровень, на котором общество воспринимает и понимает роль церкви в каждом социальном устройстве. Церковные структуры создаются в народе и внутри народа, которому они должны служить. Церковь не должна быть отчуждена от деятельности общины, которая социально и духовно поддерживает ее значение и актуальность. В Зимбабве, в частности, церковь всегда участвовала в государственном строительстве через школы, больницы, программы помощи и развития, созданные по всей стране. Во многих отношениях церковь также принимала активное участие в освобождении Зимбабве от ига колониализма.

Объединенная методистская церковь имеет долгую историю заботы о социальной справедливости. Ее члены часто занимали откровенные позиции по спорным вопросам, затрагивающим христианские принципы. Ранние методисты выступали против работорговли, контрабанды и жестокого обращения с заключенными[54].

Социальное кредо было принято Методистской епископальной церковью (Север) в 1908 году. В течение следующего десятилетия аналогичные заявления были приняты Методистской епископальной церковью Юга и Методистской протестантской церковью. Евангелическая Объединенная

Братская Церковь приняла заявление о социальных принципах в 1946 году во время объединения Объединенной Братской и Евангелической Церквей. В 1972 году, через четыре года после объединения в 1968 году Методистской церкви и Евангелической объединенной братской церкви, Генеральная конференция Объединенной методистской церкви приняла новое заявление о социальных принципах, которое было пересмотрено в 1976 году (и на каждой последующей Генеральной конференции).

Социальные принципы, не считаясь церковным законом, представляют собой молитвенную и вдумчивую попытку Генеральной конференции говорить о человеческих проблемах в современном мире на прочном библейском и богословском основании, исторически продемонстрированном в традициях Объединенных методистов.

В преамбуле к социальным принципам говорится;

Мы, люди, называемые Объединенными методистами, утверждаем нашу веру в Бога, нашего Творца и Отца, в Иисуса Христа, нашего Спасителя, и в Святого Духа, нашего Наставника и Хранителя.

Мы признаем свою полную зависимость от Бога в рождении, в жизни, в смерти и в жизни вечной. Уверенные в Божьей любви, мы утверждаем благость жизни и исповедуем наши многочисленные грехи против Божьей воли для нас, которую мы находим в Иисусе Христе. Мы не всегда были верными распорядителями всего того, что было дано нам Богом-Творцом.

Мы были неохотными последователями Иисуса Христа в Его миссии привести всех людей в сообщество любви. Хотя мы были призваны Святым Духом стать новыми творениями во Христе, мы сопротивлялись дальнейшему призыву стать народом Божьим в наших отношениях друг с другом и с землей, на которой мы живем.
Мы обязуемся продолжать уважительно общаться с теми, с кем мы расходимся во мнениях, исследовать источники наших разногласий, почитать священную ценность всех людей, продолжая искать разум Христа и исполнять волю Божью во всем.

Благодарные за прощающую любовь Бога, в которой мы живем и по которой нас судят, и подтверждая нашу веру в неоценимую ценность каждого человека, мы подтверждаем наше обязательство стать верными свидетелями Евангелия не только на концах земли, но и в глубинах нашей общей жизни и работы[55].

Во всем, что делают Объединенные методисты, провозглашается признание того, что Бог является проводником и стражем. Как церковь, мы ясно признаем тот факт, что люди населяют землю как творение Бога, которое должно жить в гармонии друг с другом и остальным Божьим творением. Заявление "...обязуемся продолжать уважительно общаться с теми, с кем мы расходимся, исследовать источники наших различий, чтить священную ценность всех людей, продолжая искать разум Христа и исполнять волю Бога во всем" указывает на то, что люди разные, но должны стремиться к совместному существованию в своем различном состоянии. Люди обладают уникальными чертами и восприятием, которые отличают их друг от друга. Эти восприятия не должны рассматриваться как источник конфликтов, но свидетельствуют о силе Бога, который создал все яркое и прекрасное, всех существ, больших и малых, чтобы создать чудесную вселенную. Исходя из этого, люди должны стремиться к пониманию своих различий и изучать области, в которых они расходятся, чтобы способствовать гармонии.

Бог, которого мы познали в Иисусе Христе, - это Бог любви, справедливости, мира и примирения, и Он сделал верующих посланниками этих Божественных ценностей. Задача церкви - проявлять Божье присутствие и деятельность во всех сферах жизни. Политика и экономика - это серьезная деятельность, которая влияет на жизнь людей, и поэтому ее нельзя оставлять только светской власти. Поэтому церковь по природе Евангелия обязана решать все вопросы, которые препятствуют исполнению этих надежд, провозглашенных Богом через Иисуса Христа: "Я пришел для того, чтобы они имели жизнь и имели с избытком" (Иоанна 10:10).

Забота Церкви о благом управлении, справедливости и мире - это проявление Божьей заботы о человечестве. Бог создал человека не для того, чтобы он страдал, а для того, чтобы иметь жизнь и иметь ее с избытком (Иоанна 10:10). Иметь жизнь с избытком - значит расти и реализовываться духовно, физически, эмоционально, интеллектуально, социально и культурно. Подход Христа к жизни целостный, и у церкви, как учеников Христа, нет иного выбора, кроме как быть целостной в своем провозглашении Евангелия. Поэтому провозглашение, поклонение и служение являются неотъемлемой частью жизни и миссии церкви. Бог хочет, чтобы люди были свободны и счастливы. В этом заключается смысл Христовой Благой Вести о спасении.

5.4 ВЗГЛЯД ОБЪЕДИНЕННОЙ МЕТОДИСТСКОЙ ЦЕРКВИ В СРАВНЕНИИ С ДРУГИМИ РЕЛИГИОЗНЫЕ ОРГАНИЗАЦИИ

В прошлом инициативы Церкви по государственному строительству осуществлялись с трех различных платформ - Евангелического братства Зимбабве (EFZ), Конференции католических епископов Зимбабве (ZCBC) и Совета церквей Зимбабве (ZCC). Однако в последнее время общие и непрекращающиеся страдания народа Зимбабве, которым не видно конца, не оставили Церковь равнодушной; и теперь, в общем желании положить конец ежедневным страданиям и боли нашего народа, Церковь объединилась, чтобы говорить одним голосом, одной верой, одной надеждой и одним видением, чтобы привести к Зимбабве, которого мы все

^{хотим56}. Три вышеперечисленные христианские группы представляют собой основные разделения христианских организаций в Зимбабве: пятидесятнические церкви, римско-католические и так называемые церкви основного направления, к которым относятся Объединенная методистская, англиканская, лютеранская и другие протестантские церкви, существовавшие в Зимбабве с колониального периода.

Эти три группы занимались отдельными инициативами по решению национальных проблем, но в 2006 году они объединились после политического кризиса, который, казалось, одинаково мучил их членов. Это стало общей проблемой для всех, и представители собрались вместе, чтобы создать документ, который стал известен как "Зимбабве, которого мы хотим". "...Только объединившись в нашем многообразии, мы сможем построить нацию, в которой будут царить мир и процветание "[57]. Церковный документ был разработан для того, чтобы ответить на вопросы самооценки: "Как могла ситуация в стране деградировать до такой степени, в которой она оказалась, когда более 80 % населения - христиане, включая многих из тех, кто занимает руководящие политические посты? Что случилось с христианскими ценностями - любовью, миром, справедливостью, прощением, честностью, правдивостью? Где был голос Церкви, которая призвана быть совестью нации?[58] Церковь - это божественный институт в мире, состоящий из мужчин и женщин, призванных служить Богу и человечеству через проповедь освобождающего Евангелия и служение для облегчения человеческих страданий в этом мире.

Совет церквей Зимбабве (СЦЗ) занял определенную позицию в отношении участия церкви в деятельности по государственному строительству и мирным инициативам. В числе этих мероприятий - пасторское письмо, разосланное СЦЗ, которое призывало членов церкви по возможности участвовать в процессе разработки конституции и сотрудничать с политическим истеблишментом в его усилиях по восстановлению мира в общинах.

5.5 УПРАВЛЕНИЕ ТВОРЕНИЕМ

Бог создал Вселенную и сделал человечество распорядителем той ее части, которая называется Землей и ее атмосферой. Как управители человечество ответственно перед Богом за управление землей и ее ресурсами (Быт 1:26-28). Царство Божье не только предлагает нам спасение, но и указывает на будущее обновление всего творения (Римлянам 8:18-23). Поэтому, как управители, мы будем участвовать в этом спасительном будущем Божьего творения, защищая, поддерживая и восстанавливая его, а также устраняя связь между бедностью людей и сохранением окружающей среды. Повеление о том, чтобы мы владычествовали над землей, не означает, что мы должны уничтожать ее, но работать над ней и заботиться о ней (Быт 2, 15). Владычество требует ответственного управления. Такое управление должно поддерживать общее благо человечества, уважая при этом цель, для которой было предназначено каждое творение, и средства, необходимые для достижения этой цели. Если мы осуществляем владычество таким образом, что в конечном итоге уничтожаем творческий потенциал природы или лишаем человеческую семью плодов творения, то такие действия представляют собой преступление против первоначального Божьего плана творения. Напротив, мы должны проявлять заботу и ответственность за Божий удел, особенно в интересах тех, кто беден и маргинализирован.

УВАЖЕНИЕ К ЧЕЛОВЕЧЕСКОЙ ЖИЗНИ И ДОСТОИНСТВУ

Поскольку люди созданы по образу и подобию Божьему, человеческая жизнь неприкосновенна. Необходимо сделать все возможное для обеспечения основных прав каждого члена общества в соответствии со Всеобщей декларацией прав человека Организации Объединенных Наций (1948) и Африканской хартией прав человека и народов (1981), обе из которых Зимбабве подписала[59]. Освободительная война велась в основном для обеспечения независимости и свободы. Поэтому Зимбабве как народ должна уважать любую человеческую жизнь. Преднамеренное лишение человека жизни, которого можно избежать, должно считаться аморальным и противоречащим воле Бога.

Церковь рассматривает институт рабства, практику и совершение геноцида, военных преступлений и преступлений против человечности, а также агрессию как позорное и жестокое зло. Такое зло разрушает человечество, способствует безнаказанности и поэтому должно быть безоговорочно запрещено всеми правительствами и никогда не будет терпимо Церковью.

Сила политической системы зависит от полного и добровольного участия в ней граждан. Церковь должна постоянно оказывать сильное этическое влияние на государство, поддерживая политику и программы, которые считаются справедливыми, и выступая против политики и программ, которые несправедливы. Такова позиция Объединенной методистской церкви, с которой она вместе с другими христианскими организациями страны решает проблему национального исцеления и примирения

ГЛАВА ШЕСТАЯ: ВЫЗОВЫ ЦЕРКОВНЫМ ИНИЦИАТИВАМ И РЕКОМЕНДАЦИИ

ВВЕДЕНИЕ

Стабильная демократия в Зимбабве будет оставаться далекой мечтой до тех пор, пока печальное наследие насилия и дискриминации по политическим мотивам не будет преодолено в рамках подлинного и тщательного процесса примирения. Этот процесс должен быть исторически всеобъемлющим и затрагивать вопросы справедливости по целому ряду политических, социальных и экономических вопросов с участием не только политических лидеров Зимбабве, но и гражданских групп и, что особенно важно, церкви.

ВЫЗОВЫ ЦЕРКОВНЫМ ИНИЦИАТИВАМ

Хотя заинтересованные стороны в правительстве национального единства Зимбабве отчаянно хотят примирения между своими злобно разделенными сторонниками, очень трудно просто объявить мир и заставить людей поделиться всем, без того чтобы виновные признали, что они не правы, и взяли на себя ответственность за свои действия. Многое произошло в те мрачные дни и продолжает происходить сегодня. Хотя для страны хорошо переходить на следующую страницу, необходимо также, чтобы предыдущая страница была запомнена, ошибки подчеркнуты и исправлены во благо будущего. В 1994 году южноафриканцы освободились от апартеида, и была создана Комиссия по установлению истины и примирению, к о т о р у ю возглавили такие крупные фигуры, как архиепископ Десмонд Туту. Это были нейтральные люди, не имеющие никакого отношения к правительству, и люди, которые не были пристрастны. Это пустое стремление к тому, чтобы все кого-то простили, при этом никому не нужно публично признавать свою неправоту и говорить, что и кто побудил его поступить так с кем-то, не исцелит реальные расколы в нашем обществе.

Средства массовой информации, которыми располагает страна, делают очень мало для национального оздоровления в интересах всей нации. Национальная газета "Геральд" по-прежнему используется другой стороной, ЗАНУ ПФ, чтобы продолжать очернять другую сторону, с которой, как они утверждают, они стремятся к единству и инклюзивности. Геральд занят тем, что поливает презрением MDC, а на соседней улице президент Zanu PF призывает людей смириться и простить друг друга. Средства массовой информации были поляризованы в течение очень долгого периода времени, и требуется много времени, чтобы изменить эту поляризацию, чтобы история СМИ начала включать всех как нацию.

Методы работы судебной системы показывают, что мы не готовы к миру и примирению. Председатель Верховного суда Томана говорит, что будет честным и прозрачным и что у него не будет фаворитизма, однако его фаворитизм не поддается измерению. Активистов, представляющих другие политические расколы, по-прежнему задерживают без суда и следствия даже по сфабрикованным обвинениям. Они остаются без суда и следствия в течение длительного времени, в то время как известные преступники из ZANU PF продолжают разгуливать по улицам в полном окружении.

Другой проблемой является членство в церкви. Члены церкви разделились по политическому признаку, и этот раскол в церкви препятствует инициативе церкви по исцелению и примирению в церкви. Если в церкви есть люди, которые приходят как MDC и ZANU PF, то они утверждают, что являются детьми Божьими, которые понимают концепции исцеления и примирения.

РЕКОМЕНДАЦИИ
Конфликт вырастает из предубеждений и предрассудков относительно культуры, этнической принадлежности, пола, религии, политической принадлежности, национальности, языка, которые исходят от тех, кто контролирует ситуацию. Любая деятельность, направленная на оказание помощи, должна сначала понять перспективы конфликта в сообществах с практической точки зрения. Соотнесите реальность на местах с национальной перспективой.

Понять основные мотивы конфликта и их конкретный контекст и взаимосвязь. Община способна примириться и исцелить себя сама, поэтому любая программа по исцелению и примирению должна начинаться с общины, а не навязывать мероприятия. Общество состоит из различных слоев по этническому, расовому, гендерному, религиозному и другим признакам. Эту межсекторную идентичность общества нельзя игнорировать, иначе процесс не будет успешным.

Правительство Зимбабве должно осознавать общее влияние религии, в частности христианства, на население страны, и не может заниматься вопросами исцеления и примирения без участия церкви.

Выяснение истины о том, что произошло во время конфликта и каковы были его причины, часто является важным шагом в построении мира после завершения конфликта.

В последние годы к церквям неоднократно обращались с призывом взять на себя ведущую роль в процессах поиска истины.

Рассказ правды важен для реабилитации тех, кого могущественное государство считало врагами, но особенно для того, чтобы жертвы (или их оставшиеся в живых семьи) могли рассказать свои истории и засвидетельствовать боль и потери, которые они пережили. Рассказ об истине может стать важной частью создания нового режима подотчетности и прозрачности там, где господствовали угнетающие идеологии, произвол и секретность. Высказывание правды - это многогранный и деликатный процесс, который в глубоко уязвленных обществах не всегда возможен и даже целесообразен. Но без правды (не только в смысле правдивости, но и в библейском смысле достоверности и надежности) новое общество не может быть построено на прочном фундаменте.

Кроме того, могут быть случаи, когда требуется реституция и компенсация. Если такие случаи очевидны, важно их рассмотреть. Возможно, есть люди, перемещенные во время конфликтов, которые все еще находятся вдали от своих родных мест. Как только такие потребности будут осознаны, необходимо обеспечить параллельные процессы реинтеграции.

ССЫЛКИ

[1] Комиссия "Вера и порядок", "Природа и миссия Церкви. Этап на пути к общему заявлению" (Faith and Order Papers № 198; опубликовано в 2005 году).

[2] Туту, Д. М. 1999. Нет будущего без прощения. Лондон: Rider. P. 219

[3] там же

[4] Пастырское письмо католических епископов, 5 октября 2009 г. Епископы призывают к национальному оздоровлению и примирению.

[5] Зимбабве, которое мы хотим. На пути к национальному видению Зимбабве, октябрь 2006 г.

[6] Нхиватива Э. Б. Скромные начала. Краткая история Объединенной методистской церкви Зимбабве. 1997, p 24

[7] Там же

[8] Там же

[9] Протоколы Восточно-Центральной Африканской конференции 1901-

[10] Kurewa J W Z. The Church In Mission. Краткая история Объединенной методистской церкви. (Нэшвилл: Абингдон, 1997) 19

[11] Там же

[12] Ibid p 46

[13] Там же

[14] Ibid p 34

[15] Нхиватива Э. Скромные начала. Краткая история Объединенной методистской церкви Зимбабве. 1997: p.24

[16] Kurewa J W Z, Church In Mission, Nashville, Abington, 1997, стр. 31

[17] Там же, стр. 37-45

7R. Bultman , Jesus Christ and Mythology 8 ibid

20 Collins English Dictionary

[21] L Kristberg *"Coexistence and the Reconciliation of Communal Conflicts"* In Weirner E. ed, The Handbook of Межэтническое сосуществование. The Continuum Publishing Company, New York, 1998 p184

[22] Деяния 7, Обращение Савла (RSVP) Библия

[23] Мэтти, Дж 2008. *Приди, Святой Дух, исцели и примири!* Доклад Конференции ВСЦ по всемирной миссии и евангелизму, Афины, Греция, май 2005 года. Женева: Публикации ВСЦ. с.73

24 Диссертация на степень бакалавра Сифелани, неопубликованная

[25] Конференция католических епископов Зимбабве, Пастырское письмо, Национальное исцеление и примирение, Только Бог может залечить раны пострадавших, 1 октября 2009 г.

[26] Мукаи. Иезуитский журнал для Зимбабве, номер 46. Декабрь 2008'

[27] Там же.

[28] Сифелани Бакалавр с отличием Глава 2 Диссертация, неопубликованная стр.7

29 ВСЦ www.mission2005.org, Тема "Исцеление и примирение": впервые для ВСЦ

[30] Шрайтер, Р. Дж. 2008. *Примирение как новая парадигма миссии...* в Matthey, J 2008. Приди, Святой Дух, исцели и примири! Доклад Конференции ВСЦ по всемирной миссии и евангелизму, Афины, Греция, май 2005 года. Женева: Публикации ВСЦ, 213-219.

[31] Сантер, М. 1988. *The Reconciliation of Memories in Falconer*, A D (ed) 1988. Reconciling memories. Dublin: The Columbia Press, 128-132.

[32] J Costa, http://EzineArticles.com/?expert=Judith_Acosta, accessed 14 June 2010

[33] Туту, Д. М. 1999. Нет будущего без прощения. Лондон: Rider. P.220

[34] Премьер-министр Р.Г. Мугабе после объявления результатов первых демократических выборов в Зимбабве. Апрель 1980 года

[35] Ханаан С. Банана. Turmoil and Tenacity, Zimbabwe 1890-1990. Колледж Пресс Хараре, 1989

[36] де Ваал, Виктор. Политика примирения: Zimbabwe's First Decade. Лондон: Hurst & Co., 2002. [37] Пастырское письмо католических епископов, 5 октября 2009 г. Епископы призывают к национальному оздоровлению и примирению.[38] ibid.

[39] Сифелани Бакалавр с отличием Глава 2 Диссертация, неопубликованная стр.9

[40] Там же

[41] Зимбабве, которого мы хотим: "На пути к национальному видению Зимбабве", октябрь 2006 г. стр. 14

[42] Там же

[43] Исикей, Элизабет. 1995. История христианства в Африке: From Antiquity to the Present/. New York: William B. Eerdmans Publishing Co. p. 100

[44] Там же

[45] Дж. Хендрикс и Эразмус, Дж. 2005. *"Религия в Южной Африке: данные переписи населения 2001 года".* /Журнал теологии для Южной Африки/ 121: 88-111.

[46] Форстер, Дион. 2008. *"Божья миссия в нашем контексте - критические вопросы, исцеляющие и преобразующие ответы".* In Methodism in Southern Africa: A Celebration of Wesleyan Mission/. Eds. Дион Форстер и Вессель Бентли.

Кемптон Парк, Южная Африка: AcadSA Publishers, 70-99.

[47] Иван Турок, "Реструктуризация или примирение? Программа реконструкции и развития Южной Африки", Vol.

19 (1995) *Международный журнал городских и региональных исследований*, 317.

[48] CCSF - Национальное исцеление и примирение. Семинар в Карибе 12-15 мая 2009 г.

[49] Статья VII Глобального политического соглашения (ГПД) от 15 сентября 2008 года

[50] Журнал Восточной ежегодной конференции Зимбабве Объединенной методистской церкви за декабрь 2009 года

[51] Там же

[52] Объединенная методистская книга дисциплины, Социальные принципы, стр. 89

[53] Объединенная методистская книга дисциплины, Функции поместной церкви, статья 202

[54] Там же, Социальные принципы. Часть IV

[55] Там же

[56] Зимбабве, которого мы хотим: "На пути к национальному видению Зимбабве", октябрь 2006 г. стр.4

[57] Там же

[58] Там же

[59] Ibid. p. 15

БИБЛИОГРАФИЯ

Статья VII Глобального политического соглашения (ГПД) от 15 сентября 2008 года

Bhuku reRuwadzano rweVadzimai veUnited Methodist Church [The Book of Rules for the Women of the United Methodist Church'] Umtali: Rhodesia Mission Press, 1969

Банана, Ханаан С. (1989) Беспорядки и стойкость, Зимбабве 1890-1990. Колледж Пресс, Хараре.

Пастырское письмо католических епископов, 5 октября 2009 г. Епископы призывают к национальному оздоровлению и примирению.

CCSF - Национальное исцеление и примирение. Семинар в Карибе 12-15 мая 2009 г.

Коста, Дж. http://EzineArticles.com/?expert=Judith_Acosta, доступ 14 июня 2010 г.

де Ваал, Виктор. Политика примирения: Zimbabwe's First Decade. Лондон: Hurst & Co., 2002

Комиссия "Вера и порядок", "*Природа и миссия Церкви. Этап на пути к общему заявлению*" Faith and Order Papers no. 198; опубликовано в 2005 году.

Гиртц, К. (1985). Религия как культурная система. Антропологические подходы к изучению религии. М. Бантон. Лондон, Тависток: XLIII, 176.

Форстер, Дион. 2008. *"Божья миссия в нашем контексте - критические вопросы, исцеляющие и преобразующие ответы".* In Methodism in Southern Africa: A Celebration of Wesleyan Mission/. Eds. Dion Forster and Wessel Bentley. Kempton Park, South Africa: AcadSA Publishers

История Объединенной методистской церкви", *Umbowo* 55, № 12 декабрь 1972 г.

Исихея, Э. (1995). История христианства в Африке: От древности до наших дней. New York: William B. Eerdmans Publishing Co

Журнал Зимбабвийской Восточной Ежегодной Конференции Объединенной Методистской Церкви Декабрь 2009 г.

Журнал ежегодной конференции Родезии 1931-197 гг.

Кристберг, Л. (1998) "*Сосуществование и примирение общинных конфликтов*" В книге "Справочник по межэтническому сосуществованию" (Weirner E. ed., The Handbook of Interethnic Coexistence). The Continuum Publishing Company, New York,

Курева Дж. У.З.**, Церковь в миссии: Краткая история Объединенной** методистской церкви. Abingdon Press. Нэшвилл, 1997

Мэтти, Дж 2008. Приди, Святой Дух, исцели и примири! Доклад Конференции ВСЦ по всемирной миссии и евангелизму, Афины, Греция, май 2005 года. Женева: Публикации ВСЦ.

Протоколы Восточно-Центральной Африканской конференции 1901-1915 гг. Мукаи. Иезуитский журнал для Зимбабве, № 46. Декабрь 2008'

Нхиватива Э. К., Скромные начала. Краткая история Объединенной методистской церкви Зимбабве, 1997 г.

Зимбабве, которого мы хотим: "На пути к национальному видению Зимбабве", октябрь 2006 г.

Турок Иван, (1995). "Реструктуризация или примирение? Программа реконструкции и развития Южной Африки", том 19 Международного журнала городских и региональных исследований.

Туту, Д. М. 1999. Нет будущего без прощения. Лондон: Rider.

Сантер, М 1988. *The Reconciliation of Memories in Falconer*, Reconciling memories. Дублин: The Columbia Press.

Шрайтер, Р. Дж. 2008. *Примирение как новая парадигма миссии. Приди, Святой Дух, исцели и примири!* Доклад Конференции ВСЦ по всемирной миссии и евангелизму, Афины, Греция, май 2005 года. Женева: Публикации ВСЦ.

Смит Э. Дж. (2008). Книга дисциплины Объединенной методистской церкви, Объединенное методистское издательство. Нэшвилл, Теннесси

ВКЦ www.mission2005.org, *тема "Исцеление и примирение"*: впервые для ВКЦ

Конференция католических епископов Зимбабве, Пастырское письмо, Национальное исцеление и примирение,
Только Бог может исцелить раны страждущих, 1 октября 2009 г.

Оглавление

Milton Keynes UK
Ingram Content Group UK Ltd.
UKHW011142010424
440421UK00001B/207